Sabine Engel

Das unsichtbare Rentier

Weitere Titel der Autorin:

Mission mit Schwein

Der Wichtelstreik oder Wie Ida Weihnachten retten musste

Sabine Engel

Das Unsichtbare Rentier

Mit Bildern von Julia Bierkandt

Baumhaus

FSC
www.fsc.org
MIX
Papier aus verantwortungsvollen Quellen
FSC® C014496

Originalausgabe

Umschlaggestaltung: Kirstin Osenau
Umschlagmotiv: Julia Bierkandt
Satz: Thomas Krämer, Bastei Lübbe AG
Gesetzt aus der Elegant Garamond
Druck und Einband: GGP Media GmbH, Pößneck

Printed in Germany
ISBN 978-3-8339-0600-8

5 4 3 2 1

Sie finden uns im Internet unter www.baumhaus-verlag.de
Bitte beachten Sie auch www.luebbe.de

Für Emily & Lily
Finchen, Karl & Jette
S.E.

Für Maja, Frieda & Frank
J.B.

Jedes Kind weiß, dass Santa acht Rentiere hat. Dasher, Dancer, Prancer und Vixen, Comet, Cupid, Donner und Blitzen. Dass es jedoch noch ein neuntes Rentier gibt, das behauptete nur meine kleine Schwester Anna. Und sie kannte sogar seinen Namen: Gunnar.

Aber vielleicht beginne ich lieber am Anfang. Und das war der 1. Dezember …

Endlich hatte es geschneit!

»Juhuuuu!«, rief Anna und hüpfte die letzten Stufen unserer Veranda hinab. Sie landete dort, wo gestern noch unser Vorgarten gewesen war. »Paul, guck mal! Ich glaube, da sind Hufspuren.« Meine Schwester zeigte auf irgendwelche Flecken, die offenbar nur sie sehen konnte, und plapperte gleich weiter. »So habe ich mir Kanada immer vorgestellt.«

»Meinst du, wir bekommen heute schneefrei?«, fragte ich.

»Wohl kaum«, lachte Mama und schob mich hinter Anna die Treppen hinab. »Soll ich euch mit dem Auto mitnehmen?«, bot sie an, während sie schon zum Wagen stapfte. Wie üblich war sie spät dran.

Aber weder Anna noch ich wollten uns heute zur Schule fahren lassen. Denn der allererste Schnee, wenn er noch so richtig weiß ist – so ganz ohne Fußspuren und Matsch –, ist einfach der schönste!

Also zogen wir unsere Wollmützen tiefer ins Gesicht, winkten Mama zum Abschied und machten uns auf den Weg.

Meinen kanadischen Klassenkameraden war der erste Schnee anscheinend völlig egal. Niemand bestaunte den weißen Sportplatz oder kam wegen der verschneiten Straßen auch nur eine Minute zu spät.

Dabei hätte ich nichts dagegen gehabt, wenn heute zumindest die erste Stunde ausgefallen wäre. Denn da hatten wir *Social Studies* bei Miss Fuller.

»Wie passend«, säuselte unsere Lehrerin und kündigte direkt eine ihrer gefürchteten Projektarbeiten an.

Jaymie, der in der Klasse neben mir sitzt, stöhnte auf. Miss Fuller ist für ihre Projekte bekannt. Da reicht es nicht, einen kurzen Aufsatz zu schreiben, ein Bild zu malen oder ein Mini-Referat zu halten. Es muss immer etwas Besonderes sein. Manchmal muss man etwas Schwieriges basteln oder einen Rap über eine bekannte Person schreiben. Dieses Mal hatten wir die tolle Aufgabe, entweder ein typisches Gericht zu kochen oder ein originelles *Anschauungsobjekt* mitzubringen, natürlich mit Erklärungen. Und das alles zum Thema *Weihnachten in aller Welt*.

Das Thema kam an diesem Morgen allerdings wenig überraschend. Nicht nur wegen des Schnees. Offenbar hatte Miss Fuller das Wochenende genutzt, um den Klassenraum in ihren ganz speziellen Traum von Weihnachten zu verwandeln. Um alle Fenster hatte sie Lichterketten gebunden. Rot-grüne Lametta-Girlanden hingen kreuz und quer unter der Decke. Fast die komplette linke Ecke des Raums verschwand hinter einem gigantischen Plastikweihnachtsbaum, der so dicht mit roten Schleifen, Zuckerstangen, bunten Kugeln und glitzernden Bändern behängt war, dass jeder echte Baum darunter erstickt wäre. Alles glitzerte und leuchtete. Aber die Krönung war ein Rentier aus Plüsch, das auf der Tafel thronte, während seine Nase im Takt zu einer blechernen Melodie rot blinkte.

Die Mädchen fanden das natürlich toll. Ich mag Weihnachten auch, mit Kerzen, Strohsternen und echten Tannen. Beim Anblick dieser kreischbunten Glitzerwelt wäre ich jedoch am liebsten auf den verschneiten Schulhof ausgewandert.

»Und wir werden den Raum noch schöner gestalten«, flötete Miss Fuller, während sie mit einem Beutel in Form einer überdimensionalen Wichtelsocke von Tisch zu Tisch tippelte. »Jeder von euch zieht jetzt ein Land, über das er etwas erarbeitet. Und jede Woche stellen wir einige Projekte vor. Wer ein Anschauungsobjekt mitbringt, darf es hier ins Regal stellen. Dann haben wir bald ein multikulturelles Weihnachtszimmer. Ist das nicht großartig?«

»Das ist wirklich eine wunderschöne Idee, Miss Fuller«, schleimte Duncan, der vor mir saß, und setzte sein Lieblingsschüler-Lächeln auf. »Für mein Frankreich-Projekt kann mir meine Tante bestimmt einen Baumstamm-Kuchen aus Schokolade schicken. Das ist eine französische Spezialität. Meine Tante lebt nämlich in Paris.«

Der Rest der Klasse war nicht so begeistert.

»Schweden«, murmelte Jaymie entsetzt und starrte auf das Kärtchen in seiner Hand.

Jaymies Familie kam aus Indien. Vermutlich feierten die dort nicht Jesus', sondern Buddhas Geburtstag. Auf jeden Fall hatte er keine Tante, die ihn mit schwedischen Leckereien versorgen konnte.

»Wo soll ich denn hier Weihnachtsdeko aus Schweden herkriegen?«, stöhnte er. »Oder ein Weihnachtsgericht? Ich habe nicht einmal eine Ahnung, was die an einem normalen Tag essen.«

»Na, Elchgulasch und Rentierköttel«, zischte Duncan.

»Duncan Portman, du bist so eklig«, kreischte Amanda, warf ihm aber einen Blick zu, der irgendwie das Gegenteil sagte.

Duncan war ein aufgeblasener Blödmann, aber leider auch der Kapitän des Eishockeyteams, und schon deswegen fanden ihn alle Mädchen toll.

»Halb so schlimm«, tröstete ich Jaymie. »Bestimmt ziehe ich Australien. Dann kochen wir zusammen Känguru-Elch-Eintopf.«

Jaymie wackelte mit dem Kopf und grinste halbherzig, sodass die weißen Zähne in seinem dunklen Gesicht leuchteten.

Leider zog ich dann doch nicht Australien. Ich zog nämlich gar nichts. Als Miss Fuller mein Pult erreichte, drückte sie mir flink wie ein Elf einen Zettel in die Finger, auf dem *Deutschland* stand.

»So eine Überraschung«, trällerte sie. »Dann bekommen wir unsere Informationen ja aus erster Hand.«

»Das ist gemogelt, Miss Fuller«, beschwerte sich Lloyd und kratzte sich mit seinem Bleistift im Ohr. Lloyd benahm sich manchmal ziemlich seltsam. Wahrscheinlich beachtete ihn deswegen jetzt niemand, obwohl er eigentlich recht hatte.

Meine Lehrerin hingegen strahlte mich an, als erwartete sie von mir nicht nur ein besonderes Weihnachten-in-aller-Welt-Projekt, sondern ein mega-besonderes. Na, toll! Was sollte an Weihnachten in Deutschland schon anders sein als in Kanada? Mal abgesehen davon, dass wir unsere Geschenke an Heiligabend auspackten, während meine Mitschüler bis zum 25. Dezember warten mussten. Aber das war ja nicht gerade aufregend.

»Deutschland? Ist das nicht das Land, wo man Gurken an den Baum hängt, Miss Fuller?«, krähte Duncan.

Gurken! Am Weihnachtsbaum. Im Ernst?

Aber bevor ich ihm auch nur einen genervten Blick zuwerfen konnte, rief Amanda: »Die kann man in Tylers Laden kaufen.«

Tyler! Selbst in der Schule hatte ich keine Ruhe vor ihm. Tyler Muller war nicht nur der Besitzer des örtlichen Heimwerkermarkts. Er war auch unser Nachbar und offensichtlich schwer verliebt in Mama. Ein großer, bärtiger Kerl mit riesigen Händen. Und er trug Karo-Hemden! Wenn man mich fragt, sagte das doch schon alles.

Miss Fuller nickte begeistert. »Ganz genau. Ich hoffe, unser Paul wird uns noch mehr von diesem ungewöhnlichen Brauch erzählen.« Dabei sprach sie meinen Namen nicht *Paul*, sondern *Pol* aus, mit einem *O* wie in *Och, wie schade*.

Tja, so war das eben hier in Kanada. Niemand konnte meinen Namen richtig aussprechen, nicht einmal die Lehrer. Keiner meiner Klassenkameraden spielte Fußball, und umgekehrt war ich auf dem Eisring eine echte Niete.

Weil Mama kanadische Literatur studierte und gerade an ihrer Abschlussarbeit schrieb, waren wir im Sommer nach Wingham gezogen. Wingham ist eine Kleinstadt irgendwo in der Provinz Ontario, wo im Sommer die Mücken schwirren und es im Winter so kalt wird, dass einem die Ohrläppchen abfrieren, wenn man nicht aufpasst. Ich hatte nichts gegen Wingham, Kanada oder Literatur. Nur warum wir deswegen gleich hierher ziehen mussten, das hatte ich nicht verstanden.

Jedenfalls verbrachte Mama seitdem ihre Tage entweder im Geburtshaus ihrer Lieblingsautorin oder in der Bibliothek, während Anna und ich auf die Wingham Elementary School gingen. Ich in die sechste und Anna in die dritte Klasse.

Als um halb vier endlich die Klingel ertönte, die anderen Jungen zum Eishockeytraining stürmten und ich wieder einmal allein nach Hause gehen musste, hatte ich eigentlich erwartet, dass dieser Tag keine weiteren

Schrecken mehr für mich bereithalten würde. Doch da hatte ich mich geirrt.

Mama war noch nicht zurück, als ich frierend durch den Schnee in unserer Einfahrt stapfte. Ich sprang die wenigen Stufen zum Haus hoch und folgte den kreisrunden Pfützen von der Veranda bis hinein in die Küche. Dort stand Anna und deutete auf weitere Pfützen, die von der Küche ins Wohnzimmer führten und auf Mamas schönem Teppich zu einem riesigen Flatschen verliefen.

»Paul, das glaubst du nie!«, strahlte sie. Sie hatte sich Mamas große Schürze umgeschlungen und war von oben bis unten mit Mehl eingestäubt. Sogar ihre zotteligen Haare waren jetzt mehr weiß als blond. Aus dem Chaos auf der Küchentheke schloss ich, dass sie Weihnachtsplätzchen backte. Oder es zumindest versuchte.

»Was hast du angestellt?«, fragte ich.

»Wieso ich?«, gab sie zurück und riss die Augen auf.

»Mama wird stocksauer sein, wenn sie den Teppich sieht.«

»Genau das meine ich ja. Das war nicht ich …« Sie ließ den Satz in der Luft hängen, als wollte sie mir etwas durch den Mehlstaub zu verstehen geben. Nur leider verstand ich gar nichts. Also legte sie ihre mit Keksteig verschmierte Hand an den Mund und flüsterte: »Das war ein unsichtbares Rentier.«

»Du spinnst!«

»Nein!«

»Doch! Du hast mal wieder deine Stiefel nicht ausgezogen. Und jetzt versuchst du die Schuld auf ein unschuldiges unsichtbares Rentier zu schieben.«

Der letzte Teil war natürlich nicht ernst gemeint gewesen. Weder ich noch sonst irgendjemand mit normalem Verstand würde meiner Schwester eine ihrer verrückten Geschichten glauben.

»Es heißt Gunnar«, verkündete sie nun und verschränkte die Arme, als würde das irgendetwas beweisen.

»Halloween hast du behauptet, eine Hexe namens Walpurga hätte geschnitzte Kürbisse in unserem Vorgarten aufgestellt. Dabei war es bloß Tyler.«

»Weil er sich als Hexe verkleidet hatte.«

»Klar. Und jetzt hat er sich eben als unsichtbarer Elch ins Haus geschlichen.«

»Rentier.«

»Egal.«

»Nein, das ist es nicht.« Anna stampfte mit dem Fuß auf. Ihre Wangen glühten vor Zorn,

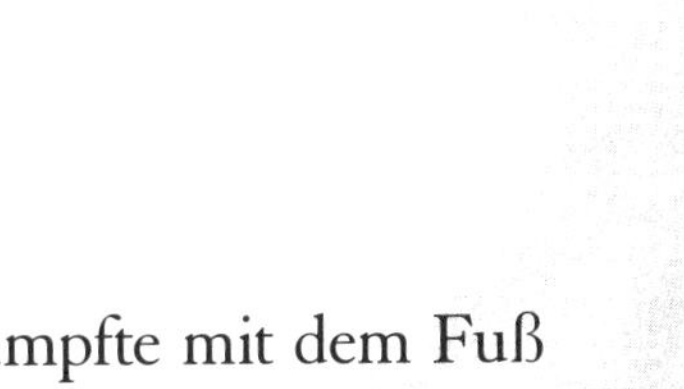

und in ihren Augen schimmerte eine Träne. »Es ist nämlich wirklich, wirklich wahr.«

»Aha. Und wo ist das Vieh jetzt?«, fragte ich.

»Dort.« Anna zog die Nase hoch, lächelte wieder und zeigte auf eine Stelle vor dem Kühlschrank, etwas oberhalb einer Wasserlache.

Meinetwegen. Zumindest die Rentier-Geschichte konnte ich schnell entlarven.

So wie ein Zauberer seinen Säbel durch einen Kasten bohrt, um zu beweisen, dass der leer ist, griff ich blitzschnell nach Mamas Besen.

»Da ist kein Rentier – auch kein unsichtbares!«, rief ich und fuchtelte dramatisch mit dem Besenstiel vor Annas Nase herum. Nur dummerweise erwischte ich dabei nicht die leere Luft, sondern die Tüte mit dem Mehl. Sie flog in einem hohen Bogen von der Arbeitsplatte, sodass eine Wolke aus dickem weißem Staub aufstob und durch die Luft wirbelte. »Siehst du, da ist …« *Nichts,* wollte ich sagen. Doch dazu kam es nicht. Erstens, weil da sehr wohl etwas war, und zweitens, weil ich vor Schreck so viel Mehlstaub eingeatmet hatte, dass ich nicht mehr sprechen konnte. »Was ist das?«, hustete ich.

Das war nicht sehr viel. Ich musste blinzeln, um es überhaupt zu erkennen. Aber für einen Moment meinte ich, etwas zu sehen. Nicht ganz klar, mehr wie bei diesen Punkte-Bildern, auf die man ganz lange starren muss, und wenn man die Augen ein bisschen zusammenkneift, bilden die Punkte einen Stern. Oder ein Auto. Oder so.

Genauso zeichnete sich jetzt im Nebel eine Figur ab. Sie hatte lange Beine, drei oder vier, einen gestreckten Körper wie ein riesiger Hirsch und etwas, das vielleicht ein Geweih war. Doch bevor ich es mir genauer ansehen konnte, hörte ich ein lautes Zischen, wie ein Niesen, und das seltsame Wesen löste sich auf.

Unsicher rieb ich mir das Mehl aus den Augen und zwinkerte. Doch da war … nichts.

Nachdem ich eine Nacht darüber geschlafen hatte, war ich mir ziemlich sicher, dass ich mich gestern nur getäuscht hatte. Bestimmt hätte ich für den Rest meines Lebens nicht mehr daran gedacht, wenn Anna nicht gewesen wäre. Sie war zwar erst acht und eine ziemliche Nervensäge, doch manchmal hatte sie diese genialverrückten Einfälle.

Als ich am nächsten Tag aus der Schule kam, hörte ich sie wieder in der Küche werkeln. Es klapperte, irgendetwas klatschte auf den Boden, und meine Schwester kicherte. Schnell zog ich meine Stiefel aus, ließ Schal, Handschuhe und meine Tasche im Flur fallen und rannte noch mit Mütze auf dem Kopf in die

Küche. Vor der Arbeitsplatte stand Anna. Dieses Mal war sie nicht mit Mehl bepudert, sondern von den zotteligen Haaren bis zu ihren geringelten Socken mit buntem Zuckerguss bekleckst. In der einen Hand hielt sie eine Schüssel, mit der anderen schwang sie einen Pinsel.

Als ich hineinkam, drehte sie sich zu mir um. »So, was sagst du nun?«, rief sie.

Was ich am liebsten gesagt hätte, weiß ich nicht mehr. Ich weiß nur noch, dass mein Gehirn ohne Vorwarnung in einen Schockzustand verfiel. Wahrscheinlich konnte ich deswegen nur noch einfache Aufgaben

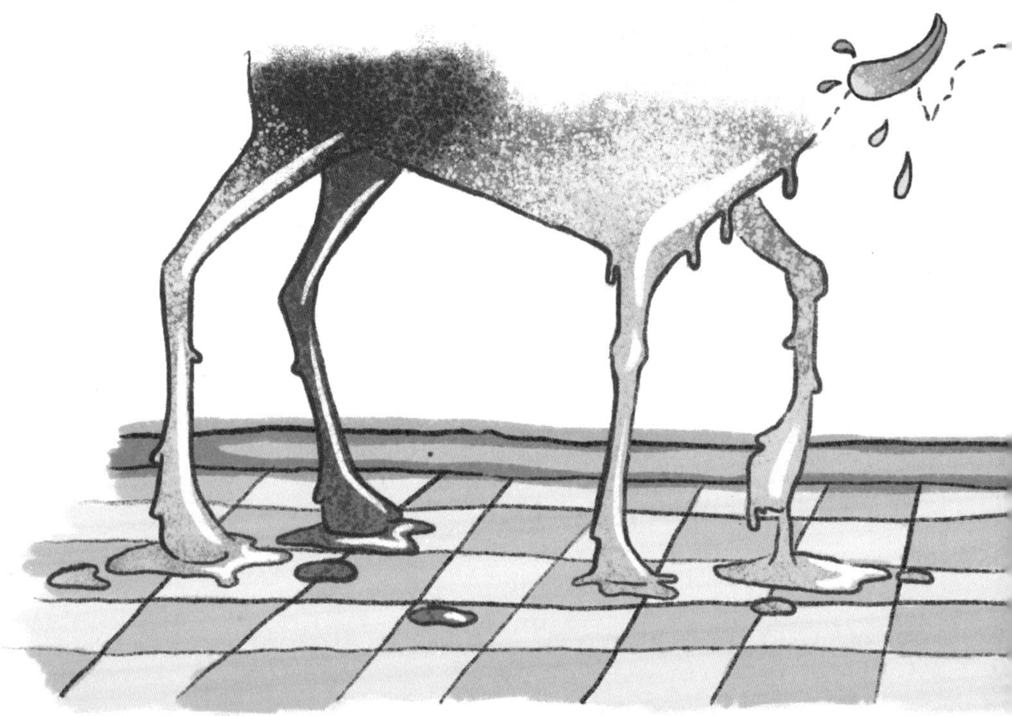

ausführen wie atmen. Schlucken war jedenfalls zu viel. Denn ich merkte, dass mir der Mund offen stand und ein bisschen Spucke heraustropfte.

»Ihh!«, kreischte meine Schwester und riss mich aus meiner Starre.

»Woher hast du den Pinsel?«, fragte ich und wischte mir das Kinn. Das war im Moment wirklich nicht die wichtigste Frage. Aber ich musste ja langsam anfangen, um mein Gehirn nicht direkt wieder zu überfordern.

»Na, aus Tylers Laden«, erklärte sie freudestrahlend.

Sie trat einen Schritt zur Seite, sodass ich nicht länger so tun konnte, als sei dies ein ganz normaler Tag in meinem ganz normalen Leben. Denn vor mir, also auf der anderen Seite der Küche, etwa dort wo unser Wohnzimmer begann, standen vier lange und ziemlich dünne Beine. Zwei waren rosa, eines mintgrün und das vierte knallgelb. Quer über ihnen erstreckte sich ein langer Körper. Das heißt, eigentlich nur die Unterseite eines langen Körpers, der vorne gelb und hinten hellblau gestrichen war.

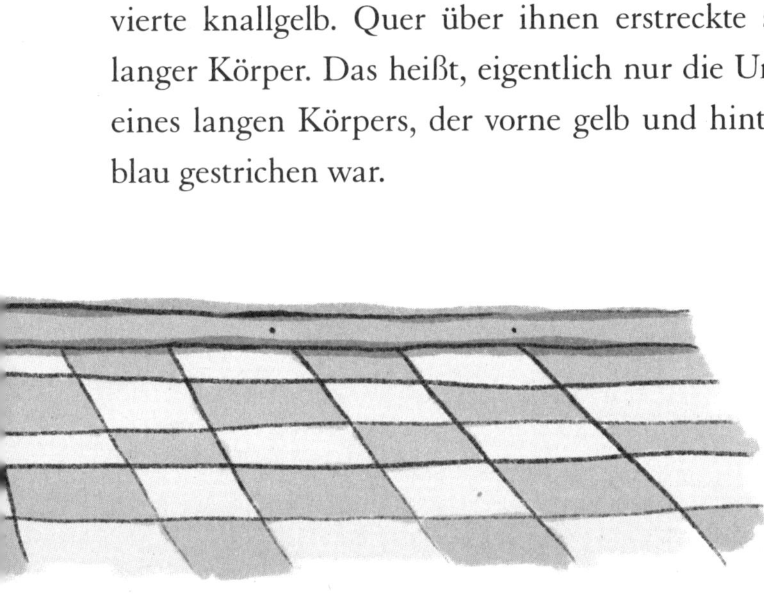

Hier war Anna wohl der Zucker ausgegangen. Vielleicht war sie aber auch nur zu klein, um den oberen Teil mit ihrem Pinsel zu erreichen. Einen Kopf oder einen Schwanz konnte ich jedenfalls nicht entdecken. Dafür schwebte ungefähr eine Armlänge über dem Rest eine in allen Farben sabbernde Zunge.

»Echt lecker«, brummte eine tiefe Stimme, während die Zunge nun über das linke Vorderbein schleckte. Wo der Zuckerguss verschwand, erschien wieder unser Wohnzimmer.

Langsam machte ich zwei Schritte an Anna vorbei. »Was bist du?«, stammelte ich wie der Held in einem schlechten Film.

Die Zunge hielt im Schlecken inne, bewegte sich nach oben und beschrieb in der Luft eine kleine Schleife, sodass zwei regenbogenfarbene Lippen sichtbar wurden.

»Ein Rentier, würde ich meinen«, erklärten die Lippen. »Das hat dir deine Schwester doch schon erklärt. Ein sehr nettes Mädchen und überaus klug. Findest du nicht auch, Paul? So heißt du doch. Paul.«

»Was? Ach so.« Immerhin konnte er meinen Namen richtig aussprechen.

»Dann noch einmal von vorne. Mein Name ist Gunnar. Ich bin ein Rentier und freue mich, deine Bekanntschaft zu machen.«

»Klar.«

»Ja, und wie du siehst, bin ich unsichtbar. Das liegt am Coolness-Faktor.«

»Hä?«

»Bist du immer so einsilbig, Paul?«

»Er ist nur etwas überfordert«, mischte sich Anna ein.

»Der Cool-ness-Fak-tor«, erklärte das Wesen, also Gunnar, betont langsam. »Es gibt auch sichtbare Rentiere. Aber die coolen sind natürlich unsichtbar. Das ist wie bei Menschen.«

»Es gibt unsichtbare Menschen?«, fragte Anna.

Ich drehte mich zu ihr um, um ihr einen Vogel zu zeigen.

Doch Gunnar plapperte bereits weiter. »Selbstverständlich. Ich bin auf meinen Reisen viel herumgekommen.

Da sieht man so einiges. Und glaubt mir, unsichtbare Menschen sind da noch gar nichts. In Indien gibt es alte Männer, die können im Sitzen schweben. Und wenn wir nach Bora Bora reisen, nehmen wir kein Essen mit. Dort wächst das Brot nämlich an den Bäumen.«

»Ja, nee, ist klar. Die berühmten Butterbrotbäume von Bora Bora«, unterbrach ich Gunnar. So ein Unsinn! Der war ja schlimmer als Anna. »Und wie bist du dahin gekommen?« Skeptisch kniff ich die Augen zusammen. Auf die Antwort war ich gespannt. Denn Bora Bora ist eine Insel. So viel wusste ich.

»*Schwups* mit dem Schlitten natürlich«, erklärte Gunnar langsam, als wäre ich etwas blöd. Mittlerweile standen nur noch seine Hinterbeine in unserem Wohnzimmer. Und ein kleines Stück Bauch schaukelte gemächlich über dem Sofa.

»*Schwups* durch die Luft? Oder hast du etwa einen Schwimm-Schlitten?«

»Sei doch nicht so schwer von Begriff.« Anna boxte mir in den Rücken. »Gunnar ist …« Sie warf einen raschen Blick in Richtung Sofa, wie um sicherzugehen, dass das Vieh sie nicht hörte. Dann flüsterte sie mir ins Ohr: »… eines von Santas magischen Rentieren. Natürlich kann er fliegen.«

Jetzt drehte meine Schwester völlig durch.

»Und warum flüsterst du?«, fragte ich sie.

Anna verdrehte die Augen. »Es scheint ihm peinlich zu sein.« Sie hatte echt zu viel Fantasie.

»Und bis Weihnachten hast du Urlaub, oder was?«, fragte ich laut.

Statt zu antworten, grunzte Gunnar. Es klang wie ein Ja.

Na, toll! Anna und Gunnar, unser neues Geschichten-Erfinder-Traum-Team. Allerdings konnte ich wohl nicht länger behaupten, dass Gunnar selbst eine von Annas Erfindungen war. Immerhin stand er gerade in unserem Wohnzimmer.

»Was machen wir jetzt?«, fragte Anna. »Mama kommt erst in zwei Stunden nach Hause.«

Für einen Moment dachte ich tatsächlich, meine Schwester hätte gerade einen ihrer seltenen vernünftigen Momente. Wir mussten uns ja überlegen, was wir mit Gunnar anstellen sollten. So ein Rentier brauchte schließlich einen Stall, Futter und wer weiß, was es sonst noch für Wünsche hatte.

Nur leider hatte ich mich getäuscht. Anna hatte keinen ihrer vernünftigen Momente. Und nicht einmal Gunnar schien sich um langweilige Dinge wie Futter zu scheren.

»Eisbahnsurfen?«, schlug er stattdessen vor und stürmte auch schon an mir vorbei Richtung Haustür. Jacken und Mützen flogen von den Haken. Ich hörte es im Flur krachen und sah, dass ein paar Stücke Holz aus dem Türrahmen gesplittert waren. Vermutlich hatte unser liebes Rentier die Kurve zu eng genommen.

Anna lachte und hüpfte hinter ihm her. Eines war klar: Von den beiden würde sich niemand darum kümmern, was ich dazu meinte. Also zuckte ich nur hilflos mit den Schultern und folgte ihnen nach draußen.

Am nächsten Tag kam Mama fast zeitgleich mit uns nach Hause. Ich hatte gerade den Schlüssel in die Tür gesteckt, als ihr Wagen mit etwas zu viel Schwung in unsere Einfahrt einbog.

»Oh, nein! Oh, oh«, stieß Anna hervor und hielt sich die Augen zu.

Das Problem war nicht so sehr Mamas Schwung. Jedenfalls nicht nur. Anna und ich hatten nämlich gestern Nachmittag unter Gunnars fachmännischer Anleitung unsere Einfahrt in eine Eisbahn verwandelt. Fünf Eimer Wasser hatten wir gemeinsam aus dem Haus geschleppt und sorgfältig über den platt gefahrenen Schnee gekippt. Während Anna, Gunnar und ich zwischen Zaun und Rosenbüschen hin und her geschlittert waren, war es schon herrlich glatt gewesen. Aber heute, nachdem tagsüber die Sonne die oberste Schicht noch einmal leicht angetaut hatte, war das Eis perfekt.

Leider hatten wir vergessen, Mama zu warnen.

Unser alter Kombi rutschte erst zur einen Seite, streifte dann den Rosenbusch auf der anderen, drehte die Motorhaube nach links und glitt seitlich die letzten Meter, bis er scheppernd in die runde Mülltonne krachte.

»Ich setze lieber einen Tee auf«, überlegte ich laut und schob mich schnell ins Haus.

Meine Schwester blinzelte über ihre Handschuhe hinweg. »Ach, ich glaube, es ist nicht so schlimm. Nur der Blinker. Und ein bisschen Blech.«

Rückblickend hatte Anna recht. Das mit dem Auto war wirklich nicht so schlimm. Zumindest nicht im Vergleich zu dem, was uns *im* Haus erwartete.

»Was ist denn hier los?«, rief Mama. Ihre Stimme bebte, ihre Lippen zitterten.

Ich konnte sie gut verstehen. Unser Wohnzimmer sah aus, als wäre eine ganze Horde Rentiere hindurchgetrampelt. Vom Adventskranz, für den Mama extra im Wald echte Tannenzweige geschnitten und sie mühsam zusammengebunden hatte, waren nur noch ein paar zerfetzte Reste übrig. Nicht einmal die Kerzen hatte Gunnar verschont. Sie kullerten über den Tisch, und zumindest eine war eindeutig angeknabbert. Über das schöne Sofa verteilten sich die Reste unseres Obstkorbs. Orangenschalen, ein paar vereinzelte Weintrauben und eine zermatschte Banane klebten auf der Sitzfläche. Die Kissen lagen auf dem Boden. Eine Stehlampe war umgefallen. Die Gardinenstange hing schief. Und vor dem Kamin häuften sich angebissene und aufgeweichte Holzscheite.

»Wer war das?«, fragte Mama leise und sah aus, als bräuchte sie dringend eine Umarmung.

Um sie zu trösten, drückte ich sie ganz fest. Ich konnte ihr ja nicht sagen, dass ich die Antwort auf ihre Frage durchaus wusste. Denn zumindest darin waren meine verrückte Schwester, das Rentier und ich uns einig: Was auch immer passierte, Mama sollte lieber nichts von Gunnar erfahren.

»Ein Waschbär?«, vermutete Anna daher so unschuldig, wie nur meine Schwester es kann. Es nützte nichts.

»Ein Waschbär? In unserem Haus?«, kreischte Mama entsetzt. »Wenn ich den erwische!« Ihre Gesichtsfarbe wechselte so schnell von Hilflos-Weiß zu

Wütend-Rot, dass irgendwo neben der Stehlampe ein unsichtbares Rentier erschrocken aufquiekte.

»Manchmal klettern Waschbären auf der Suche nach Nahrung durch den Kamin in fremde Häuser«, erklärte meine Schwester sachlich, als würde sie den Text aus einem Schulbuch ablesen. Doch auch das half nicht.

»Wirklich?« Mama schnaubte kurz und sehr entschlossen auf. »Aber nicht bei uns!«

Als hätte sie ein Blitz getroffen, war alle Energie in sie zurückgeschossen. Wie ein Wirbelwind stürmte sie an uns vorbei in den Flur. Hinter ihr fiel polternd ein Stuhl um. Aber vielleicht war das auch Gunnar gewesen bei dem Versuch, ihr aus dem Weg zu springen. Anna und ich jedenfalls pressten uns sicherheitshalber mit dem Rücken an die Wand. Wenn Mama einmal in Fahrt war, war das besser so.

Wir hatten uns noch nicht wieder gelöst, da kehrte sie schon zurück und raste mit dem Besen in der Hand haarscharf an uns vorbei. Sie warf sich vor den Kamin und begann, mit dem Stiel im Abzug zu stochern. Ruß quoll hervor. Asche landete auf dem Teppich. Mama hustete. Aber sie gab nicht auf.

»Verschwinde, du Biest!«, fauchte sie und stieß den Besen tiefer in den Schacht.

Das echte Biest wimmerte leise.

»Warum hast du das getan?«, flüsterte ich Gunnar zu.

»Bestimmt hatte er Hunger«, vermutete Anna und tätschelte die Luft über ihrem Kopf. »Armes kleines Rentier.«

Gunnar sagte nichts. Wahrscheinlich hatte er ein schlechtes Gewissen.

»Mach dir keine Sorgen. Morgen besorgen wir dir richtiges Futter«, versprach meine Schwester.

»Schhh«, machte ich, damit Mama uns nicht hörte.

Aber darüber brauchte ich mir keine Gedanken zu machen. Mama war beschäftigt. »Der ist zu kurz«, keuchte sie aus der Rußwolke und zog den Besen wieder aus dem Kamin. »Ich muss Tyler anrufen. Wo ist das Telefon?«

Im nächsten Moment war sie erneut im Flur verschwunden, wobei sie dieses Mal eine Spur schwarzer Fußstapfen auf dem Boden hinterließ.

»Was fressen Rentiere denn so?«, erkundigte ich mich.

»Hmmmm. Pausenbrote?«, überlegte Gunnar und schmatze leise vor sich hin. »Auf jeden Fall Hamburger. Adventskränze. Und … Sushi. Ganz sicher Sushi.«

»Wirklich?«, hakte ich nach.

»Bestimmt!« Gunnar grunzte nachdenklich. »Glaube ich.«

Na, klasse. Er war jedenfalls keine große Hilfe.

Mama war wieder zurück. Sie murmelte irgendwelche üblen Beschwörungen, während sie versuchte, so viele Holzscheite wie möglich in den Kamin zu stopfen. »Tyler kommt später rüber und bringt sein Gewehr mit«, verkündete sie und zündete ein Streichholz an. »In der Zwischenzeit werden wir diesem Eindringling ordentlich einheizen. Der kann was erleben!« So entschlossen hatte ich Mama selten erlebt. Mir wurde richtig mulmig.

»Ich geh dann mal Tee kochen«, beschloss ich, um zumindest irgendetwas Sinnvolles zu tun.

»Das ist eine sehr gute Idee«, stimmte Anna mir zu. »Vielleicht etwas mit Kräutern. Zur Beruhigung.« Dabei grinste sie, dass die Sommersprossen auf ihrer Nase fröhlich tanzten. »Und du, lieber Gunnar, machst jetzt besser einen ganz, ganz langen Spaziergang und kommst erst zurück, wenn Tyler wieder weg ist. Hörst du?«

Die gesamte Schule war im Weihnachtsfieber. Mittlerweile hatten auch die anderen Lehrer ihre Klassenräume geschmückt. Sogar die Rückwand der Aula, in der wir uns jeden Morgen versammelten, um die kanadische Nationalhymne zu singen, sah jetzt aus wie der Eingang zu einem gigantischen Knusperhaus. Leider waren die Bonbons und Zuckerstangen nur aus Pappe. Gunnar hätten sie bestimmt trotzdem geschmeckt.

Aber weil ich seinem Geschmack nicht ganz traute, hatte ich mir für heute vorgenommen herauszufinden, was Rentiere normalerweise so fraßen. Nur musste ich dabei unauffällig vorgehen. Schließlich sollte erst mal niemand wissen, dass bei uns seit vier Tagen ein Rentier hauste. Selbst wenn es nur ein unsichtbares war.

Deswegen stand ich jetzt in der Pause neben Jaymie und trat nervös von einem Bein aufs andere, während mein Freund unserem Hausmeister, Mr Tubbs, dabei zusah, wie er laut fluchend eine bunte Lichterkette zu entknoten versuchte.

»Jesus Harold Christ! Verdammtes Fest und ...« Mr Tubbs war wirklich in Hochform. Er hätte bestimmt noch bessere Worte gefunden, wenn Miss Fuller ihn nicht unterbrochen hätte.

»Mr Tubbs!«, rief sie entsetzt. »Es sind Kinder anwesend.«

Unser Hausmeister blickte sich verschämt um und verstummte.

»Schade«, murmelte Jaymie und sah bedauernd Miss Fuller hinterher, die in der Tür verschwand. »Das hätte noch lustig werden können. Aber dann können wir jetzt auch gehen. Ich muss noch in die Bibliothek.«

»Gute Idee!«, rief ich sofort, und weil Jaymie verwundert eine Augenbraue hob, fügte ich schnell hinzu: »Du weißt schon, wegen des Weihnachtsprojekts.«

»Das ist echt schräg, dass ihr in Deutschland Gurken an den Baum hängt.«

»*Holy shit!*«, fluchte ich fast so gut wie Mr Tubbs und lachte. »Das hat sich Miss Fuller doch nur ausgedacht.«

Wir hatten die Bücherei erreicht, und Jaymie musterte mich misstrauisch. »Meine Mutter hat letztes Jahr aber eine dieser Gurken für unseren Baum gekauft.«

»Wieso habt ihr einen Baum? Ich dachte, ihr seid Buddhisten.«

»Weihnachten feiern wir trotzdem.«

Da fiel mir etwas ein. »Bei euch in Indien, gibt es da wirklich Männer, die schweben können?«

»Yogis?«

»Keine Ahnung, wie man die nennt.« So genau hatte Gunnar das ja nicht erklärt. »Alte Männer eben.«

»Sicher.« Eigentlich hatte ich gedacht, dass Jaymie mich auslachen würde. Stattdessen grinste er schief. »Aber das ist natürlich ein Trick.«

Trick hin oder her. Das hieß, dass Gunnar nicht gelogen hatte. Ob es auf Bora Bora auch Brotbäume gab? Das würde ich noch herausfinden. Doch jetzt hatte ich Wichtigeres zu tun.

Während Jaymie die Bibliothekarin nach Weihnachtsbräuchen in Schweden befragte, verzog ich mich zu den Schulrechnern. Dummerweise waren alle besetzt, sodass ich schließlich in den Büchern

nach brauchbaren Informationen suchen musste.

Vor dem Regal mit Naturbänden traf ich auf meine Schwester. Sie lag auf dem Boden und blätterte im *Lexikon der heimischen Tierarten*. Offenbar hatte sie dieselbe Idee gehabt.

»Schon was gefunden?«

»Rentiere heißen hier Caribous«, berichtete sie.

»Steht da auch, was sie fressen?«, flüsterte ich. Es musste uns ja nicht jeder hören.

Anna schüttelte den Kopf. Also nahm ich mir als Erstes *Die Tiere Nordamerikas* vor. Es gab unzählige Fotos. Rentiere im Wald. Rentiere auf Wiesen. Männchen, Muttertiere, kleine Kälber. Meistens standen sie in Herden beieinander. Und ihr Geweih war riesig. Ich dachte an die Holzsplitter vom Türrahmen und die Jacken und Mützen, die Gunnar jedes Mal von den Haken riss, wenn er durch den Flur stürmte.

Nur hilfreich war das alles nicht. Ich durchblätterte einen Wälzer nach dem nächsten. Aber nirgendwo wurde erklärt, was Rentiere fressen. Nichts über Pausenbrote, Adventskränze und schon gar nichts über Sushi. Wobei ich das auch nicht wirklich erwartet hatte.

»Auf den Bildern scheinen sie zu grasen. Im Winter heißt das wohl Heu«, bemerkte ich.

»Aber wo bekommen wir hier nur Heu her?«, rief Anna viel zu laut zurück.

»Heu gibt es im Supermarkt. Bei Superfood steht es direkt neben dem Kaninchenfutter.« Hinter einem der Monitore tauchte Lloyds Kopf auf.

So viel zu meinem Plan, die Suche geheim zu halten.

»Oh, Caribous«, seufzte Mohini in diesem Moment neben uns. Sie war Jaymies kleine Schwester und ging in Annas Klasse. Mohini beugte sich über einen Bildband. »Sind die nicht süß? Ich liebe Rentiere. Und Schlitten. Und überhaupt alles, was mit Weihnachten zu tun hat.«

Verflixte Kiste! Hörte hier denn jeder mit? Offenbar verbrachte die halbe Schule ihre Pause in der Bibliothek.

»Weißt du, was sie fressen?«, erkundigte sich Anna.

»Wer? Die Rentiere vom Weihnachtsmann?«, spottete prompt Amanda, die gerade mit Duncan an uns vorbeizog. »Hört mal alle her! Paul glaubt noch an den Weihnachtsmann.«

Duncan gackerte los. So ein Mist. Das fehlte gerade noch.

»Natürlich echte Rentiere«, fuhr ich dazwischen.

»Die vom Weihnachtsmann mögen Spezialfutter, das mit dem echten magischen Glitzerstaub«, plapperte Mohini so laut, dass wirklich *alle* es hören konnten. »Ich kaufe es jedes Jahr bei Tyler im Heimwerkermarkt.«

Erst Weihnachtsgurken und jetzt auch noch magisches Rentierfutter.

Duncan sah mich herausfordernd an. Doch bevor er eine weitere Gemeinheit loslassen konnte, klingelte es. Schnell stellte ich das Buch wieder ins Regal und eilte zurück ins Klassenzimmer.

Was auch immer Gunnar für ein Rentier war, eines war klar: Mit dem Heu trafen wir nicht ganz seinen Geschmack. Vielleicht hätten wir doch besser das Glitzerzeug besorgt. Denn als wir am Nachmittag mit einem großen Sack Heu nach Hause kamen, schnupperte er nur zögernd, zog widerwillig einen Halm heraus, kaute kurz darauf herum und spuckte ihn schließlich verächtlich auf den Boden.

»Brrhhh«, röchelte er. »Das ist ja ekelhaft.«

Das teure Vogelfutter, das wir sicherheitshalber dazugekauft hatten, rührte er erst gar nicht an. Auch nicht die Nagetier-Leckereien und schon gar nicht das Katzenfutter, obwohl wir extra darauf geachtet hatten, welches mit echtem Thunfisch zu finden. So viel zum Thema Sushi.

»Für jemanden, der Adventskränze mit Kerzen verputzt, stellst du dich ganz schön an«, schimpfte ich.

Gunnar war das egal.

Erst als Anna die Hände in die Hüften stemmte, streng in die Richtung starrte, in der sie seine Augen vermutete, und erklärte: »Es wird gegessen, was auf den Tisch kommt«, erhob sich zumindest eine Nagetier-Knabberstange aus ihrer Hand und verschwand mit einem beleidigten Schmatzen in der Luft.

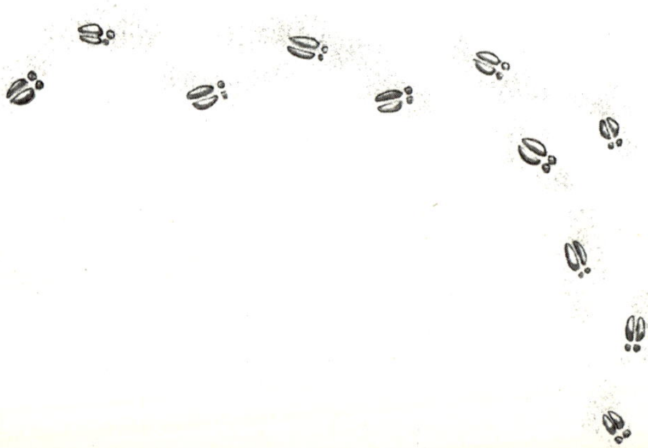

Am nächsten Nachmittag beschlossen Mama, Anna und ich, zusammen das Haus zu schmücken. Draußen dämmerte es bereits. Im Kamin prasselte ein Feuer, und wir hatten gerade den Karton mit Weihnachtsdeko aus dem Schrank im Flur gezogen, als es an die Tür klopfte.

Fast im selben Moment stand Tyler vor uns. »Pumpkin Pie?«, fragte er und streckte Anna einen Teller mit einem flachen Kürbiskuchen entgegen. »Kanadische Tradition. Meine Tante hat mir unser altes Familienrezept vermacht.« Schnee glitzerte in seinem Bart, dazwischen blitzten seine Zähne wie in einer kitschigen Werbung für Zahncreme.

Weil Anna sich nicht rührte, nahm Mama ihm den Teller ab. »Das ist aber eine schöne Überraschung«, säuselte sie und plinkerte mit den Wimpern. »Und sogar selbst gebacken.«

Anna verdrehte die Augen, und mir schnürte es die Kehle zu. Wir kannten diesen Blick schon. Das konnte nur schiefgehen. Erst war Mama verliebt, dann unglücklich. So war es immer.

»Komm doch rein. Ich setze einen Tee auf. Dann machen wir es uns alle gemütlich«, flötete sie, wobei ihre Wangen mit ihren Augen um die Wette strahlten. »Anna, wenn du magst, darfst du die Kerzen anzünden.« Mit dem Fuß schob sie den Karton zurück in den Schrank und drückte die Tür zu.

Mist! Damit waren unsere Pläne wohl vergessen. Ich wollte gerade in mein Zimmer hinaufgehen und ein bisschen schmollen, da sah ich es. Ein winziges *S* auf dem Teigrand. Nur weil Mama den Kuchen direkt an mir vorbeitrug, hatte ich es entdeckt. *S* wie *Superfood.* Das durfte doch wohl nicht wahr sein!

Blitzschnell duckte ich mich unter ihrem Arm durch. »Bin gleich zurück«, rief ich, griff nach meinen Schuhen und stürmte aus der Tür. Schmollen würde ich ein anderes Mal. Dieses Mal musste ich handeln. Wenn ich

Tyler beim Lügen überführte, konnte ich Mama vielleicht noch stoppen, bevor sie sich ernsthaft verliebte.

Erst als ich Tylers lang gezogene Einfahrt erreichte, bemerkte ich, dass ich nicht allein war.

»Wohin des Weges, junger Mann?«, röhrte Gunnar. Seine schlechte Laune von gestern war wie weggeblasen.

»Tyler ist ein blöder Lügner«, antwortete ich im Laufen. »Der Beweis liegt in seinem Müll. Ich muss ihn nur finden.«

»Oh, ein Abenteuer! Da bin ich dabei. Ich liebe Abenteuer!«

Hinter mir klapperten Hufe. Schnee stob auf. Schon fegte ein Luftzug vorüber. Noch bevor ich Tylers Mülltonne erreicht hatte, erkannte ich an den Hufspuren im Schnee, dass Gunnar bereits auf mich wartete.

Natürlich ist es ziemlich eklig, sich wie ein FBI-Agent durch fremden Müll zu wühlen, zumal es ganz fürchterlich stank. Nach verbranntem Gummi und so. Zum Glück lag das, was ich suchte, ganz oben. Nur drei verschrumpelte Apfelkitschen und die Reste von einem angebrannten Etwas türmten sich darüber. Doch darum kümmerte sich Gunnar. Mit einem einzigen Happs verschwand alles in seinem unsichtbaren Rentierbauch.

So kam es, dass ich ein paar Minuten später mit feurigem Zorn und eiskalten Fingern wieder in unserer Küche stand, wo Anna gerade mit einem riesigen Messer hantierte. Sie teilte den angeblich mit viel Liebe gebackenen Kuchen in großzügige Stücke und klatschte sie auf unsere Teller.

»So!«, rief ich und knallte eine schmierige Schachtel auf den Tisch, sodass das Wachs aus den Kerzen unseres notdürftig geflickten Adventskranzes spritzte.

Tyler, der eben noch gelächelt hatte, wurde zwischen Bart und Stirn auf einmal ziemlich rot. Mama blickte verwirrt zwischen mir, Tyler und der Schachtel hin und her.

Nur Anna war noch in der Lage zu sprechen.

»Superfood Pumpkin Pie«, las sie die Schrift mit dem geschwungenen *S*.

»Superfood? Ist das nicht der Supermarkt, der auch dieses schreckliche Heu verkauft?«, schimpfte Gunnar leise.

Er hatte im Flur eine Schneise der Verwüstung hinterlassen. Jacken, Schals und Mützen lagen überall verstreut. Nun stand er irgendwo hinter mir und tropfte Schneematsch auf den Boden.

»Shhh!« Um Gunnar zum Schweigen zu bringen, boxte ich in die Luft hinter meinem Rücken und erwischte weiches Fell. Hoffentlich verzog er sich bald ins Wohnzimmer. Doch weder Mama noch Tyler hatten etwas mitbekommen.

»Du hast den Kuchen aus dem Supermarkt?«, flüsterte Mama überrascht.

Tyler hingegen sah wirklich verlegen aus. Das schlechte Gewissen, vermutete ich. Meine Augen verengten sich zu Schlitzen. Anna setzte ihr fiesestes Willst-du-Streit-Gesicht auf. So nahmen wir ihn in die Zange. Anna von rechts, ich von links. Nur Mama verstand gar nichts. Tyler dafür umso mehr.

Er fuhr sich mit seiner riesigen Pranke durch die Haare und stammelte ganz unmännlich. »Äh … Also, vielleicht habe ich den Kuchen nicht ganz allein gebacken.«

»Wie meinst du das?«, flüsterte Mama.

»Ich wollte ja. Wirklich. Eine selbst gebackene Kürbis-Pie ist doch etwas Besonderes. Und ich habe ja dieses leckere Rezept von meiner Tante …«

Anna verschränkte ihre Arme vor der Brust, und ich schnaubte verächtlich. Ha!

»Dann hat sie es vermutlich an Superfood verkauft, oder was?«, hakte ich nach.

Leider wollte Mama davon nichts hören. »Zieh du dir lieber mal deine Schuhe aus, Paule. Du tropfst ja alles voll«, schimpfte sie und zeigte auf Gunnars Spuren. Sie war so verwirrt, dass sie nicht einmal merkte, dass ich in Socken vor ihr stand.

Tylers Bart bewegte sich, als würde er auf seiner Unterlippe kauen. Schließlich räusperte er sich. »Ich habe es versucht. Das Backen, meine ich. Nur vielleicht hätte ich besser vorher den Ofen gereinigt. Da wären mir bestimmt die alten Stiefel aufgefallen. Ich hatte sie zum Trocknen hineingestellt und ganz vergessen. Dann habe ich sie wohl zusammen mit dem Kuchen nach hinten geschoben. Am Ende waren die Sohlen geschmolzen. Aber das allein wäre ja nicht so schlimm gewesen, hätte das Gummi auf dem Kürbiskuchen nicht diese zähe braune Schicht hinterlassen.«

»Äaooohhaaargh«, stöhnte es aus dem Wohnzimmer. Es klang verdächtig nach kotzendem Rentier.

Irritiert sahen wir alle hinüber. Das Stöhnen verstummte.

»In der Not habe ich eben einen Kuchen bei Superfood gekauft«, fuhr Tyler kleinlaut fort und grinste wie ein verlegener Elch.

Mamas Augen zogen sich zusammen, und ich freute mich auf das Donnerwetter, das gleich über ihn hereinbrechen würde. Aber stattdessen prustete sie los. »Das ist ja so süß von dir.«

Und dafür hatte ich mich durch den stinkenden Müll gewühlt?!

»Der gute Wille zählt.« Jetzt tätschelte sie sogar seinen Arm. »Mir ist ein Mann, der kochen kann, sowieso lieber.«

»Gibt es dann mal etwas anderes als immer nur Nudeln und Pizza?«, fragte Anna hoffnungsvoll. »Ich mag Pfannkuchen.«

Mama lachte. »Und wenn dieser Mann dann auch das Badezimmer putzt, saugt, die Einkäufe erledigt und sich um seltsame Eindringlinge im Wohnzimmer kümmert, kann er bleiben.«

Mama legte ihren Arm um Anna, drückte auch mich an sich und zwinkerte Tyler zu. Oh, nein! Bitte nicht.

Doch es war zu spät. Schon hing ich in Mamas Umarmung fest, während mir Tyler durch die Haare strubbelte.

»Pfannkuchen kann ich ganz gut«, grunzte Tyler und strahlte eine Spur zu übereifrig. »Und um den Waschbären im Wohnzimmer werde ich mich kümmern, falls er wieder auftaucht. Aber zuerst werde ich euer Haus festlich schmücken. Ihr habt außen ja gar keine Lichter. Und keinen Weihnachtsbaum und …«

»Wir haben ja auch noch ein paar Wochen Zeit«, unterbrach ich ihn und kämpfte mich aus der Gruppenumarmung.

Das fehlte gerade noch, dass ausgerechnet Tyler unseren Baum schmückte!

Meine Aktion mit dem Superfood-Kuchen war vielleicht nach hinten losgegangen. Aber so leicht gab ich nicht auf.

Leider stellte sich bald heraus, dass Tyler ein ziemlich harter Brocken war.

Obwohl Wochenende war, wachten Anna und ich an diesem Morgen noch vor dem normalen Schultag-Wecker auf. Wie immer konnten wir es kaum abwarten nachzusehen, was der Nikolaus in unsere Stiefel gesteckt hatte. Normalerweise bekamen wir nur Kleinigkeiten geschenkt wie Mandarinen, Nüsse oder bunte Socken. Aber dieses Jahr hatte es der Nikolaus besonders gut mit uns gemeint. Denn neben unseren Stiefeln standen drei riesige Pakete.

Noch im Schlafanzug riss Anna das Papier hinunter und juchzte laut auf. Jeder von uns hatte ein Paar neue Schlittschuhe bekommen. Sogar Mama.

»Oh!« und »Wie schön!« freuten sich beide und probierten ihre weißen Eiskunstlaufschuhe sofort an.

»Ja, toll«, murmelte ich weit weniger begeistert. Auf dem Fußballplatz machte mir so schnell niemand etwas vor. Auf dem Eisring sah die Sache dummerweise etwas anders aus. Unsicher klopfte ich gegen den schwarz glänzenden Schaft meiner neuen Skates.

»Können wir sie sofort ausprobieren?«, bettelte Anna, während sie bereits auf ihren Kufen durch den Flur balancierte.

»Klar«, versprach Mama. Sie saß auf der Treppe und wackelte glücklich mit ihren Füßen. »Die passen wie angegossen.«

»Aber erst nach dem Frühstück, oder?«, bat ich.

Anna legte den Kopf schief. »Na gut. Aber dann fahren wir sofort zur Eisbahn.«

Weil am Wochenende das Training der Eishockeymannschaft erst später begann, gehörte die Eisbahn am Morgen allen. In der Mitte zog eine ältere Frau mit silbergrauen Haaren ganz für sich allein ihre Bahnen. Pärchen hielten sich an den Händen. Väter brachten ihren Kindern das Fahren bei. Ein paar Jungen aus meiner Schule liefen sich warm. Und irgendjemand hatte die Anlage aufgedreht, sodass aus den Lautsprechern *Jingle Bells* schepperte.

Anna war sofort auf dem Eis. Sie hatte Mohini getroffen und ließ sich von ihr ziehen, während Mama auf ihren Kufen über die Gummimatte zum Kaffeeautomaten stakste, um sich erst einmal zu stärken.

Daher stand ich allein mit Gunnar hinter der Bande und beobachtete aus sicherer Entfernung, wie Duncan, Jaymie und die anderen an mir vorbeizischten. Sie liefen rückwärts, fuhren geschickt Schlangenlinien und schnitten sich zum Spaß gegenseitig in den Kurven.

Ich war froh, dass Gunnar bei mir war. Selbst wenn ihn niemand sehen konnte, spürte ich seine Wärme, hörte ihn leise atmen, und irgendwie fühlte ich mich gleich ein bisschen besser.

»In manchen Ländern gehen Kinder nie allein aufs Eis«, flüsterte er mir ins Ohr. »Sie haben immer ein Tier dabei. Zum Festhalten. Einen Eisbären oder eine Robbe oder …«

»Oder einen Pinguin«, bemerkte ich und seufzte.

Ein Junge, der mir höchstens bis zur Brust reichte, glitt gerade hinter einem Plastikpinguin auf Kufen an uns vorbei.

»Du sagst es. Auf einer Farm habe ich einmal ein Mädchen gesehen, das zusammen mit drei lebendigen Ziegen geskatet ist.«

»Wieso drei?«

»So konnte sie sich rechts und links festhalten.«

»Und was hat die dritte Ziege gemacht?«

»Die dritte war natürlich ein Bock. Er schlitterte vorneweg und machte – *schwups* – mit seinen Hörnern den Weg frei.«

Obwohl ich mir wirklich nicht sicher war, ob diese Geschichte vielleicht erfunden war, musste ich lachen.

»Haben wir Lust, es auszuprobieren?«

Allein bei dem Gedanken, mich auf die Bahn zu wagen, rumorte mein Magen. Auf der anderen Seite konnte ich ja nicht den ganzen Tag an der Bande stehen. Deswegen gab ich mir einen Ruck und kraxelte kurze Zeit später neben meinem unsichtbaren Rentier aufs Eis. Am Anfang fühlte ich mich auf den glatten Kufen ein bisschen wackelig. Aber mit Gunnar an meiner Seite ging es immer besser. Erst zog er mich. Dann schaffte ich es allein. Schneller und immer schneller nahm ich die Kurven. Nur manchmal musste ich mich an ihm abstützen.

Weiter hinten auf der Eisfläche sah ich Anna. Mohini hielt sie an beiden Händen und ließ sie ihre erste

Pirouette drehen. Ich wollte winken, als etwas an mir vorbeischoss und so plötzlich wendete, dass das Eis zu allen Seiten aufspritzte. Duncan kam dicht vor mir zum Stehen. Vor lauter Schreck griff ich statt in Gunnars Fell ins Leere und landete unsanft auf dem Po.

»Du hast hier nichts zu suchen, Gurkengesicht«, zischte er und sah spöttisch auf mich hinab. »Du kannst ja nicht einmal geradeaus fahren, ohne über deine Kufen zu stolpern.«

»Lass ihn in Frieden«, knurrte Jaymie, der nun herüberkam. Er reichte mir die Hand und zog mich hoch.

»Hier trainiert das Schulteam«, verkündete Duncan abfällig, als hätte Jaymie gar nichts zu sagen. Dabei war Jaymie immerhin der Torwart.

»Heute ist Samstag«, entgegnete ich trotzig.

Doch Duncan zuckte spöttisch mit den Schultern. »Training!«, brüllte er über den Eisring, sodass alle aufschauten und die übrigen Spieler näher kamen. »Ihr wart letzte Woche echt mies. Deshalb beginnen wir heute früher. Stellt euch an der Linie auf.«

Einige murrten, gehorchten aber. Sogar Jaymie fügte sich.

»Er ist eben der Kapitän …«, erklärte er leise und fuhr langsam zur Linie.

Auch ich wollte mich schon geschlagen geben und das Eis verlassen, als plötzlich etwas anderes geschah. Offenbar hatte Duncan auf einmal Schwierigkeiten, das Gleichgewicht zu halten. Er schwankte und ruderte mit den Armen, fing sich aber wieder. Leider. Doch schon im nächsten Moment geriet er erneut ins Straucheln. Duncan fuchtelte mit der Hand in der Luft herum, als wollte er eine Fliege vertreiben. Dann drehte er sich hastig um die eigene Achse, nur um im nächsten Moment mit so viel Schwung auf seinen Po zu plumpsen, dass er sitzend noch fünf Meter weiter schlitterte. Fluchend rappelte er sich auf und lag – *schwups* – schon wieder. Dieses Mal mit dem Gesicht nach unten.

So ging es weiter. Wieder und immer wieder. Kaum stand er, lag er erneut auf dem Eis. Duncan führte den lustigsten Tanz auf, den ich je gesehen hatte. Sein Team beobachtete ihn erst verwundert. Dann fingen

die Ersten an zu grinsen und zu kichern. Schließlich bogen sich alle vor Lachen. Duncan schnaubte wie ein tollwütiger Stier. Aber er kam einfach nicht auf die Füße. Am Ende krabbelte er auf allen vieren vom Eis und verschwand mit knallrotem Kopf in der Umkleide.

Kaum war er weg, spürte auch ich einen leichten Stups in meinem Rücken, aber nicht so fest, dass ich hingefallen wäre. Gerade stark genug, dass ich langsam und aufrecht zu Jaymie und den anderen hinüberglitt. »Das geht doch schon super«, lobte Jaymie sofort. »Halt dich an mir fest und mach mir einfach alles nach.«

Das Letzte, was ich noch sah, war Mama, die mir mit ihrem Kaffeebecher in der Hand aufmunternd

zuwinkte. Dann verbrachte ich die restliche Zeit mit Jaymie und den anderen. Sie zeigten mir, wie man in den Kurven einen Fuß über den anderen setzt und wie man dreht und dabei bremst, ohne hinzufallen. Wir übten sogar rückwärts zu fahren.

»Wenn du so weitermachst, schaffst du es diese Saison noch ins Team«, versprach Jaymie am Ende.

Obwohl ich mir nicht sicher war, dass er es ernst meinte, tat das Lob richtig gut.

»Und was sagt Duncan dazu?«, hakte ich deshalb halb im Spaß, aber auch mit ein bisschen Hoffnung nach.

Jaymie grinste breit. »Duncan ist der Kapitän. Aber wer ins Team kommt, bestimmt immer noch der Coach. Oder?«

»Hast du daran gedacht, eine Axt mitzunehmen?« Anna legte ihren Kopf schief und musterte die Tanne, vor der wir gerade standen. Sie war einfach perfekt.

Mama war heute mit Tyler ins Kino gegangen. Das hatten wir nicht verhindern können. Aber um ihm zumindest beim Weihnachtsbaum zuvorzukommen, hatten Anna und ich spontan beschlossen, selbst einen zu besorgen. Deswegen waren wir gleich nach dem Essen zusammen mit Gunnar in den Wald gestapft. Während Anna und ich zwischen den krummen Bäumen suchten, nutzte Gunnar die Zeit – vermutlich zum Fressen. Sehen konnten wir ihn nicht. Aber sein Schmatzen und Grunzen hatte uns bis hierher verfolgt.

Jetzt trabte er herbei, sodass der Schnee zu kleinen Wolken aufstob und eine breite Spur hinterließ.

»Angriff!«, röhrte er.

Im nächsten Moment krachte etwas mit so viel Schwung gegen die Tanne, dass der Stamm erzitterte und der komplette Schnee von den Zweigen auf Gunnars Hufe rieselte. »Oh, das ist aber ein standhafter Baum!«, rief er begeistert, scharrte kurz im Schnee und nahm erneut Anlauf.

Doch damit war es um den Baum geschehen. Er kippte einfach um. Komplett nach hinten und ohne abzubrechen. Seine Wurzeln schossen direkt vor unseren Nasen aus der Erde. Tannennadeln, Schnee und Erdklumpen flogen uns um die Ohren. Anna sprang hinter einen Busch. Ich warf mich flach auf den Boden. Aber es half nichts. Wir wurden von oben bis unten eingeschneit.

Nachdem ich den Schnee von meinen Klamotten geklopft hatte, deutete ich auf die Wurzeltriebe, die in allen Richtungen vom Stamm abstanden. »Und was machen wir damit?«

Vielleicht legte Gunnar den Kopf schief. Vielleicht steckte er seine Zunge in die Nase. Oder er tat, was auch immer Rentiere tun, um besser denken zu können. Jedenfalls schwieg er.

Erst nach einer ganzen Weile sagte er langsam: »In England werden Weihnachtsbäume nie gefällt. Sie werden immer nur geschubst. Denn so können sie nach dem Fest – *schwupdiwup* – mit den Wurzeln voran wieder eingegraben werden. Es gibt sogar Familien, die ihre Bäume Jahr für Jahr nur mieten.«

»Klar. Und in Deutschland hängt man Gurken in die Zweige«, gab ich zurück, worauf Anna kicherte.

»Wirklich?«, fragte Gunnar. Er klang plötzlich sehr interessiert. »Gurken? Auch Maiskolben? Blumenkohl und Radieschen? Das ist ja mal was Neues. Ich glaube, Melonen wären hübsch. Oder Bananen? Ja, das könnte mir gefallen.«

»Lass uns lieber so tun, als wären wir in England, okay?«, unterbrach ich ihn schnell. »Kannst du zumindest die ganz langen Wurzeln abfressen? Sonst passt der Baum nicht durch die Haustür.«

Gunnar machte sich sofort an die Arbeit.

Nachdem etwa die Hälfte der Wurzeln in seinem Magen verschwunden war, rülpste er zufrieden. »Mjam! Und was machen wir nun?«, erkundigte er sich.

»Na, jetzt stellen wir den Baum auf«, erklärte ich. »Wir müssen ihn bloß vorher nach Hause bekommen.«

Weil wir nichts anderes hatten, mussten unsere Schnürsenkel herhalten. Anna und ich zogen sie aus unseren Schuhen, bevor ich sie zu einem langen Seil zusammenknotete. Dann wickelte ich das eine Ende fest um den Stamm und machte in das andere eine Schlaufe für Gunnars linkes Hinterbein.

So stapften wir zurück durch den Schnee. Anna und ich mit schlappenden Schuhen vorneweg, danach Gunnar und hinter ihm der Baum mit den Resten seiner Wurzeln.

Am späten Nachmittag, als Tyler Mama endlich wieder abgeliefert hatte, saßen wir zusammen im Wohnzimmer neben unserem fast perfekten Weihnachtsbaum. Wir hatten Kerzen angezündet, spielten Karten und aßen Pizza. Nur wir drei. Und natürlich Gunnar. Aber von dem wusste Mama ja nichts.

Unser Rentier lag unsichtbar auf dem Teppich neben dem Sofa und verhielt sich ausnahmsweise einmal mucksmäuschenstill. Nur wenn man genauer hinsah, konnte man erkennen, dass die Flusen in der Mitte des Teppichs etwas platter gedrückt waren als am Rand.

Trotzdem verzog Mama das Gesicht, sodass eine gebogene Falte über ihrer Nase erschien. Fast wie ein Fragezeichen. »Findet ihr nicht, dass es hier etwas streng riecht?«, fragte sie und schnüffelte erst an ihrer Pizza, dann an meiner und an Annas, schließlich an der Couch und noch einmal am Kamin.

»Nööööö«, antwortete Anna gedehnt.

Doch es stimmte. In der Luft lag ein eigenartiger Geruch. Eine Mischung aus Wald und Erde. Und ein bisschen nach Wildtier.

»Das sind bestimmt nur die Wurzeln«, erklärte ich schnell.

Nachdem Gunnar satt gewesen war, hatte er sich nämlich geweigert weiterzufressen. Einige Wurzeln konnten wir selbst abknicken. Aber ein paar besonders

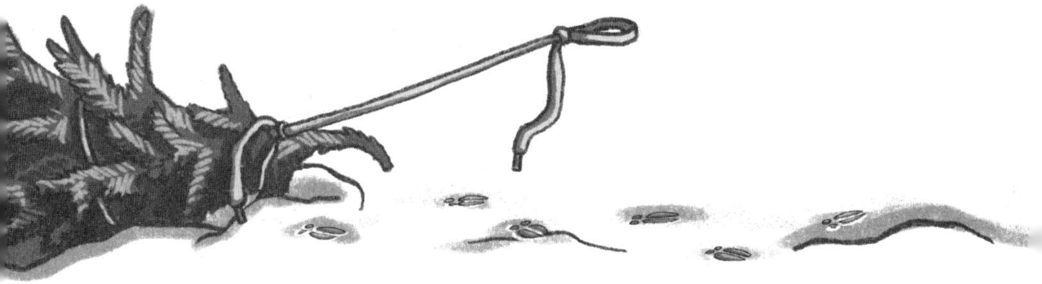

störrische Triebe ragten immer noch zu allen Seiten aus dem Ständer. Am Ende hatte Anna Mamas rotes Laken vom Bett im Schlafzimmer gezogen und die Wurzeln damit abgedeckt. Zumindest so gut es ging.

»Ja, das kann sein«, stimmte Mama zu und strahlte wieder. »Das ist wirklich der schönste Weihnachtsbaum, den wir je hatten.« Sie gab jedem von uns einen Kuss. »Wie habt ihr das nur ganz alleine geschafft?«

Anna und ich tauschten einen Blick. Zum Glück erwartete Mama keine Antwort.

»Jetzt muss ich nur überlegen, wo ich heute Nacht schlafe. Mein Bettlaken wird bis Weihnachten wohl nicht wieder frei werden.«

»Du könntest die gelbe Tischdecke als Laken benutzen«, schlug ich vor. »Die Farbe ist doch egal.«

»Oder du schläfst bei mir im Bett«, bot Anna großzügig an.

Und damit war Mama zufrieden.

Mama hatte uns einen Familiennachmittag versprochen. Wir wollten endlich das Haus und natürlich den Baum schmücken. Während Anna und ich zum zweiten Mal in diesem Advent den großen Karton aus dem Schrank im Flur zogen, zündete Mama den Kamin an und versorgte uns alle mit heißem Weihnachtstee. Bald wehte der Duft von Orangenschalen und Zimt um unsere Nasen. Er mischte sich mit dem frischer Tannennadeln und verdrängte den etwas strengen Geruch nach Wurzeln und Rentier.

Abgesehen von seinem Körpergeruch war ein unsichtbares Rentier durchaus praktisch. Während Mama die Haustür mit einem Kranz aus frischem Grün,

Hagebutten und Efeubeeren schmückte, erlaubte mir Gunnar, auf seinen Rücken zu klettern. Denn von hier oben konnte ich unsere schönen alten Glaskugeln und Glöckchen sogar in die höchsten Zweige hängen.

Während Gunnar sich bemühte stillzustehen, erzählte er Anna und mir von seiner Kindheit. »Manchmal bin ich tagelang gelaufen. Durch Wälder. Über vereiste Seen. Bis zum Nordpol.«

»Bis zum Nordpol? Wirklich?«, hakte ich nach. Denn das waren ja schon ein paar Kilometer.

»Ich bin stark wie ein Baum. Schnell. Und ausdauernd. Aber das war ihnen egal.«

Der Rücken unter meinen Füßen wackelte, gerade als ich versuchte, die feine Glasspitze anzubringen.

»Vorsicht!«, rief ich und hielt mich am Baum fest.

»Ich war eben nicht edel genug.« Gunnar schnaubte.

»Sagt wer?« Anna baute gerade die Krippe mit dem alten Räuchermann auf. Seit unser Josef vor ein paar Jahren spurlos verschwunden war, musste das Räuchermännchen seinen Platz einnehmen.

Den Ersatz-Josef in der Faust drehte Anna sich um.

»Na, wer schon? Die anderen in der Herde, natürlich. Die vornehmen Tiere.« Gunnars Rücken bebte.

»Die Herde? Aber das war doch deine Familie!«

Weil Gunnar jetzt immer unruhiger zappelte, hockte ich mich vorsichtshalber hin und rutschte von seinem Rücken. Keine Sekunde zu früh.

»Familie? Pah!« Gunnar schnaubte abfällig, und der Boden dröhnte, als würde er mit den Hufen aufstampfen.

Ich hätte ihn gerne gekrault, hielt aber lieber ein wenig Abstand. Ich konnte ja nicht sehen, in welche Richtung die Hufe als Nächstes traten.

»Meine Mama hatte kein Geweih. Da war die Sache mit der guten Abstammung natürlich gelaufen.«

»Aber das ist unfair!« Annas Augen funkelten, als wollte sie es persönlich mit Gunnars gesamter Herde aufnehmen.

Dem armen Räuchermann rutschte vor Schreck der Oberkörper von den Beinen. Das passierte ihm allerdings häufiger.

Auch ich konnte nicht verstehen, wie man so gemein sein konnte. In einer Familie hält man doch zusammen. Ob mit Geweih oder ohne. Doch bevor ich dazu etwas sagen konnte, hörten wir von draußen schwere Schritte.

Als hätte er nur auf sein Stichwort gewartet, tönte Tylers Stimme herein. Es klapperte. Mama lachte. Im nächsten Moment polterte es auf dem Dach. Dann folgte das Hämmern.

Schnell rannte ich zur Tür und spähte hinaus. Offensichtlich hatte Tyler sein Versprechen in die Tat umgesetzt und eine gigantische Lichterkette mit bunten Lämpchen besorgt. Genug um einen ganzen Flughafen zu beleuchten. Ich hatte es ja geahnt. Nun balancierte er auf der höchsten Sprosse seiner Leiter und tackerte sie an unser Dach. Und statt ihn zu verscheuchen, stand Mama neben der Leiter und himmelte ihn an. So viel zum Thema Familie.

Wütend rannte ich zurück ins Wohnzimmer, wo unsere eigene Deko mit der Holzkrippe, dem schönen Baum und den echten Kerzen fast fertig war.

»Gegen das Geblinke da draußen werden unsere Kerzen verblassen«, befürchtete ich.

Anna sagte nichts. Aber dann zog sie entschlossen die Nase hoch und hob kämpferisch die Faust. »Nicht mit uns!«, stellte sie grimmig fest.

Sogar Gunnar grunzte zustimmend und scharrte mit einem Huf.

Allerdings hatten wir keinen Plan, was wir unternehmen sollten. Unsere Chance kam erst, als Tyler draußen laut fluchte. Kurze Zeit später kam Mama herein, um uns zu sagen, dass sie noch einmal zum Supermarkt fahren müsse, um Pflaster zu kaufen.

Kaum war ihr Wagen aus der Einfahrt gerumpelt, schritten wir zur Tat. Wir wussten, dass uns nicht viel Zeit blieb. Aber wenn wir jetzt zusammenhielten, konnten wir es Tyler zeigen. Ein für alle Mal.

Gunnar tänzelte voller Vorfreude, während Anna und ich mit vor Aufregung zittrigen Fingern die Packungen mit Lametta aufrissen. Als alle Fäden ordentlich und in glatten Reihen vor uns lagen, griffen wir mit beiden Händen zu und warfen sie über Gunnar. Drei volle Ladungen. Alles, was wir hatten. Das Lametta verfing sich in seinem Fell, hing an seinen Ohren und dort, wo wir sein Geweih vermuteten. Es sah schaurig aus. Silberne, grüne und blaue Fäden schwebten kreuz und quer durch die Luft. In Reihen und unordentlichen Knoten und Kringeln. Trotzdem formten sie eindeutig einen Körper. Ein gigantisches Monster aus Glitterfäden. Einfach riesig. Bei seinem Anblick wunderte es mich kein bisschen, dass Gunnar in unserem Haus überall aneckte.

Kichernd schlichen wir gemeinsam zur Tür und checkten die Lage. Tyler war mit seiner Lichterkette bereits an der Seite unseres Hauses angekommen.

Die ersten Lichterreihen blinkten in allen möglichen Farben und schienen sogar den Mond zu überstrahlen, der bis eben silbrig auf den weißen Schnee geschienen hatte.

Den Rücken zu uns gewandt pfiff Tyler fröhlich vor sich hin, während der Tacker Nägel in unser Dach knallte. Schnell huschten Anna und ich aus der Tür und versteckten uns hinter einem verschneiten Busch. Gunnar nahm seinen Platz im Vorgarten ein und nickte uns verschwörerisch zu.

Für einen Moment hielten wir alle den Atem an. Dann röhrte Gunnar auf. Sein Schrei war so durchdringend, dass sogar ich zusammenzuckte. Das war aber nichts im Vergleich zu Tyler. Oben auf der Leiter drehte er sich um. Sein Gesicht wechselte von überrascht zu ungläubig, als das Lametta-Monster im Schein der grellen Lichter auf ihn zuschoss.

»Angriff!«, brüllte Gunnar und galoppierte scharf an der Leiter vorbei. Ich bin mir sicher, dass er sie nicht einmal berührt hatte. Dass die Leiter wankte, lag allein an Tyler. Sein Mund sah aus, als wollte er eigentlich schreien, wäre aber plötzlich erstarrt. Umso beweglicher war der Rest seines Körpers. Seine Beine schlackerten mit der Leiter vor und zurück. Seine Arme paddelten hilflos in der Luft.

Vor Schreck trauten Anna und ich uns nicht zu atmen. Es schien Ewigkeiten zu dauern. Endlich erreichten Tylers Fingerspitzen die Regenrinne. Unter ihm kippte die Leiter in die Rosen. Doch zum Glück schaffte Tyler es irgendwie, sich wieder aufs sichere Dach zu ziehen.

Gunnar war bereits im Haus verschwunden. Und jetzt mussten auch Anna und ich uns beeilen.

Bevor Tyler sich umdrehen konnte, verwischten wir die Hufspuren im Schnee, sammelten ein paar verloren gegangene Lamettafäden auf und rannten dem Rentier hinterher. Erst im Wohnzimmer warfen wir uns alle zusammen aufs Sofa und atmeten erleichtert auf.

Plötzlich fing Anna an zu kichern. »Hast du sein Gesicht gesehen?«

»Ja!«, schnaufte ich. »Dem haben wir es ganz schön gezeigt, was?«

Sogar Gunnar blökte fröhlich. »So geht das also in einer Familie«, stellte er fest und klang dabei ausgesprochen glücklich.

Natürlich hatte ich Jaymies Worte auf der Eisbahn nicht wirklich ernst genommen. Trotzdem wollte ich alles versuchen, um es ins Team zu schaffen.

Deswegen hatten Gunnar und ich beschlossen, jeden Tag nach der Schule auf einem zugefrorenen See zu trainieren. Er lag etwas abseits im Wald, wo uns niemand störte.

Dank Gunnars Hilfe wurde ich immer besser. Auf seinen vier Hufen glitt er neben mir her. Er übte mit mir Kurven und rückwärts zu fahren, plötzlich zu bremsen und vor allem nicht hinzufallen.

Heute hatten wir dabei völlig die Zeit vergessen. Erst als ich Hunger bekam, fiel es mir wieder ein: Ich hatte doch noch etwas Wichtiges vor. Deswegen beeilten wir uns jetzt, nach Hause zu kommen, wobei Tylers Flughafen-Beleuchtung uns schon von Weitem den Weg wies.

Ich hatte beschlossen, als typisch deutsches Weihnachtsgericht Omas Lebkuchen für Miss Fullers Projekt zu backen. Das war ganz praktisch. Denn erstens waren Lebkuchen tatsächlich typisch deutsch, und zweitens konnte ich so direkt ein Blech für uns mitmachen. Anna hatte versprochen, mir zu helfen. Denn auch wenn meine Schwester manchmal etwas verrückt war, hatte sie immer noch mehr Ahnung vom Backen als ich.

»Es kommt darauf an, alles mit Liebe zu machen und nur die besten Zutaten zu nehmen«, verkündete sie, während ich ihr hungrig über die Schulter guckte.

Gemeinsam verrührten wir also Zucker, Butter und Honig mit viel Liebe. Anna schlug die Eier auf und schaffte es, fast alle Eigelb und den größten Teil Eiweiß in die Schüssel laufen zu lassen.

»Meinst du, wir sollten die Stückchen Eierschale wieder herausfischen?«, fragte ich vorsichtig.

Anna warf einen kritischen Blick in die glibberige Masse. »Nee. Wenn einmal die Nüsse drin sind, fällt es niemandem mehr auf.«

Also fügten wir noch Mehl, Nüsse und die Gewürze hinzu und kneteten alles gut durch. Dazu sang Anna laut und schräg *Niklaus, komm in unser Haus*. Bei *Heu und Hafer frisst es nicht*, stimmte ich mit ein. Wenn ich gewusst hätte, wo Gunnar gerade lag, hätte ich ihm einen vielsagenden Blick zugeworfen.

Vermutlich hatte er es sich im Wohnzimmer gemütlich gemacht. Vielleicht fläzte er sich sogar auf dem Sofa. Denn es wirkte etwas eingedrückt und knurrte, als würde sich dort ein großer Magen laut beschweren.

»Hast du etwa nichts gefressen?«, fragte Anna das Sofa.

»Doch«, erwiderte das Sofa verstimmt. »Aber wieder nur Wurzeln und Zweige.«

»Wir finden schon noch was für dich«, versprach Anna.

Zusammen verteilten wir die klebrige Masse auf zwei Backbleche und strichen sie sorgfältig glatt.

»Eigentlich ist es eine Schande, die Hälfte für Miss Fullers blödes *Weihnachten-in-aller-Welt-Projekt* abzugeben«, brummte ich, während ich die Schüssel auskratzte. »Ich habe so einen Hunger. Und Duncan und Amanda gönne ich keinen Bissen.«

»Du könntest ihnen natürlich das Blech mit den Eierschalen-Stückchen überlassen.« Meine Schwester grinste teuflisch. »Nicht dass sie es merken würden.«

»Weißt du, welches es ist?«

Anna schüttelte bedauernd ihre blonden Zottelhaare.

»Tja, dann wird das wohl nichts.«

Wir schoben die Bleche in den Ofen. Kurze Zeit später duftete das ganze Haus nach Weihnachten, und mein Magen machte vor lauter Vorfreude ein paar Hüpfer. Es wurde sogar noch besser, als wir die heißen Kuchenplatten wieder herauszogen und quer aufschnitten. Das war nicht ganz einfach. Zuerst verbrannte ich mir einen Zeigefinger. Dann auch noch beide Daumen. Aber Anna bestand darauf, dass wir den Kuchen ofenheiß weiterverarbeiteten.

»Omas Lebkuchen sind kleine Opfer wert«, behauptete sie. Während ich laut fluchend meine Finger unter kaltem Wasser kühlte, bestrich Anna die warmen Platten dick mit Pflaumenmarmelade und legte sie wieder übereinander. Zum Schluss übergossen wir den heißen Kuchen mit einer dünnen Schicht Zuckerguss. Es roch himmlisch. Kein Wunder, dass mein Magen langsam mit Gunnars um die Wette knurrte. Am liebsten hätte ich mich mit dem Kopf voran in den Lebkuchen gestürzt.

»Er muss erst auf Esstemperatur abkühlen«, beharrte meine Schwester. »Außerdem müssen wir auf Mama warten. Wir sind doch eine Familie.«

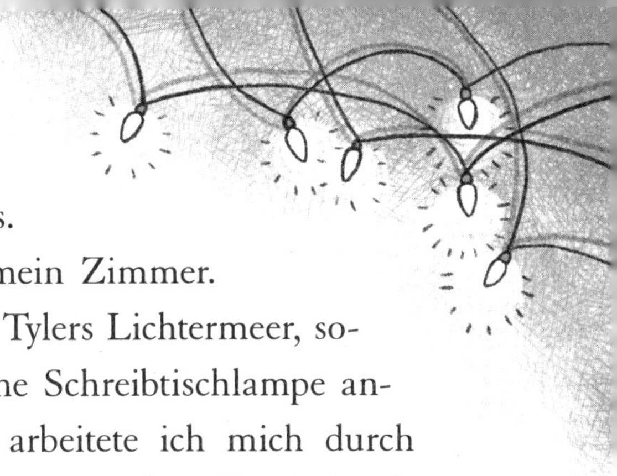

Das stimmte allerdings.

Also verzog ich mich in mein Zimmer.

Durch das Fenster blinkte Tylers Lichtermeer, sodass ich nicht einmal meine Schreibtischlampe anschalten musste. Genervt arbeitete ich mich durch meine Matheaufgaben. Aber mit jedem Ergebnis, das ich eintrug, freute ich mich mehr auf den Lebkuchen. Heute Abend würden Mama, Anna und ich zum Abendessen das erste Blech plündern. Wir würden es so richtig genießen mit Tee, Kamin und echtem Kerzenlicht. Auch wenn wir dafür die Fenster abhängen mussten.

Aber daraus wurde nichts. Noch bevor ich mit den ersten drei Aufgaben fertig war, hörte ich Anna kreischen. Schnell stürzte ich die Treppe hinab in die Küche und kam gerade noch rechtzeitig, um hilflos mit anzusehen, wie die letzten Krümel Lebkuchen einfach vom Blech verschwanden.

»Also, das mögen Rentiere sehr gern«, verkündete Gunnar schmatzend.

»Die waren für uns!«, brüllte Anna. Ich hatte sie lange nicht mehr so zornig gesehen.

»Und für die Schule«, ergänzte ich der Vollständigkeit halber.

»Oh! Das tut mir leid.« Gunnar schmatzte immer noch. Vermutlich pulte er sich die Reste aus den Zahnlücken. »Ich habe mich auch bemüht, ordentlich zu essen. Damit Mama nicht wieder das Wohnzimmer in Schutt und Asche legen muss.«

»Du, du …«, schimpfte ich. Ich war so unglaublich wütend und natürlich auch enttäuscht, dass mir nicht einmal ein passendes Schimpfwort für dieses Rentier einfiel.

Plötzlich machte mein Herz einen kleinen Hopser. »Anna! Gunnar hat das zweite Blech übersehen«, rief ich und zeigte auf eine Lage Lebkuchen, die noch auf der Fensterbank stand und abkühlte. »Jetzt wird doch alles gut!«

Über das Gesicht meiner kleinen Schwester huschte ein Lächeln. Sie schniefte noch einmal, wischte sich aber tapfer die Nase am Ärmel ihres Pullis ab. »Ja«, flüsterte sie. »Eine Hälfte kannst du mit in die Schule nehmen, und die andere ist für uns. Okay?«

»Okay! Wir schneiden die Stücke einfach ein bisschen kleiner«, stimmte ich zu, als Gunnar sich ziemlich kleinlaut zu Wort meldete.

»Übersehen? Also, äh, nicht direkt.« Er scharrte mit den Hufen und hüstelte. »Ich war nur schon … satt?«

»Warum auch immer. Hauptsache, du hast etwas für uns übrig gelassen«, flüsterte Anna versöhnlich.

»Oh, ja. Das habe ich.« Gunnars Stimme klang sehr erleichtert. Ich glaube, er war in diesem Moment wirklich froh, dass er uns nicht völlig enttäuscht hatte. In einer Familie hält man schließlich zusammen. »Das zweite Blech habe ich euch übrig gelassen«, wiederholte er glücklich. »Bis auf die Zuckerschicht vielleicht. Aber die habe ich ganz vorsichtig abgeleckt. Sogar ohne zu krümeln.«

Weil ich gestern keine Lust mehr gehabt hatte, noch ein weiteres Blech zu backen, und wir ohnehin alle Nüsse aufgebraucht hatten, schleppte ich heute die angeleckten Lebkuchen in Miss Fullers Klassenraum. Jaymie würde ich warnen. Miss Fuller würde es nicht merken. Und weder bei Amanda noch bei Duncan war zu befürchten, dass ein wenig Rentierspucke größeren Schaden anrichten würde.

Mama hatte mir abends geholfen, den Lebkuchen in kleine Rechtecke zu schneiden. Ich hatte alles hübsch auf einem Teller angeordnet, während Mama das Rezept ausgedruckt hatte. Zwanzigmal für die gesamte Klasse und einmal für Miss Fuller. Eigentlich konnte nichts schiefgehen.

Als ich an der Reihe war, überreichte ich Miss Fuller die Rezeptkarten und stellte mich mit dem Teller neben ihr Pult.

»Das sind Lebkuchen«, erklärte ich der Klasse. »Sie sind in Deutschland eine ganz besondere Weihnachtstradition.« Miss Fuller lächelte mir aufmunternd zu. »Das Rezept stammt von meiner Oma. Die hat es von ihrer Oma. Und so weiter.«

»Und was macht man damit?«, fragte Amanda scheinbar gelangweilt, als wäre es nicht offensichtlich.

»Essen natürlich«, rief jemand.

»Genau«, stimmte ich schnell zu. Aber dann fiel mir noch etwas ein. »Früher hat man sie auch ausgestochen. Zu Sternen oder Herzen. Und sie mit roten Schleifen an den Weihnachtsbaum gehängt.«

»Lebkuchen und Gurken. Was ist denn das für eine Kombi?«, gackerte Duncan, und ein paar der anderen Kinder lachten.

»Ignorier sie einfach«, flüsterte Jaymie.

Das hatte ich dieses Mal aber genau nicht vor. Stattdessen lächelte ich besonders freundlich. Ich trat ein paar Schritte vor, bis ich genau vor Duncans Tisch stand. »Möchtest du einen probieren?«, fragte ich und hielt ihm den Teller hin.

Eines war sicher. Duncan konnte noch so gemein zu mir sein. Auf meine Süßigkeiten verzichtete er deswegen noch lange nicht. Natürlich griff er sofort zu. Bevor er den Rentierspucke-Lebkuchen jedoch in seinen Mund schieben konnte, schrie Miss Fuller auf.

Sie schoss auf uns zu, wobei sie wie eine Furie mit den Rezeptkarten herumfuchtelte. »Stopp!«, kreischte sie. »Duncan Portman. Leg das sofort wieder hin und wasch dir die Hände.« Sie rauschte heran und schlug ihm den Lebkuchen aus den Fingern. »Du auch, *Pol.*« *Pol* – mit *O*.

Weil ich wirklich nicht wusste, was sie von mir wollte, erstarrte ich zu Eis. Ich nehme an, mein Gehirn war wieder einmal überfordert. Nur ganz entfernt registrierte ich, dass sie mir den Teller abnahm und damit davonrauschte.

»Den bringe ich jetzt ins Sekretariat. Deine Mutter wird über diesen Vorfall benachrichtigt. Heute Nachmittag kann sie mit Schuldirektor Davis sprechen.«

Ich merkte, dass ich knallrot wurde, obwohl ich keine Ahnung hatte, warum. Miss Fuller konnte die Sache mit Gunnar und dem Zuckerguss unmöglich wissen.

Oder? Jaymie zuckte mit den Schultern. Ein paar Kinder sahen betreten auf den Boden. Sogar Duncan schien es aufrichtig zu bedauern, den Lebkuchen nicht schnell genug verschlungen zu haben. Nur Amanda zog ein Oh-mein-Gott-er-hätte-uns-alle-töten-können-Gesicht. Als ob ein bisschen Rentierspucke so schlimm wäre!

Wie sich jedoch herausstellte, hatte Gunnar mit Miss Fullers Anfall gar nichts zu tun.

»Nüsse!«, fauchte sie, als sie vom Sekretariat zurückkam. Aufgebracht schwenkte sie meine Rezeptkarten. Am liebsten wäre ich im Boden versunken. Dabei wusste ich nicht einmal, warum. »Es gibt Kinder, die reagieren allergisch auf Nüsse. Wusste deine Mutter das etwa nicht?«

Verwirrt zuckte ich mit den Schultern. Das wusste Mama bestimmt. Sie war ja nicht blöd. Warum ich deswegen keine Lebkuchen mit in den Unterricht bringen durfte, verstand ich trotzdem nicht.

»Sag deiner Mutter, dass sie sich in Zukunft an die Regeln unserer Schule zu halten hat. Nüsse sind auf dem gesamten Gelände strengstens verboten. Auch in den Brotboxen. Ich kann es einfach nicht fassen!«

»Das konntest du nicht wissen«, tröstete mich Jaymie, als ich mich wieder auf meinen Platz setzte. Für den

Rest der Stunde starrte ich auf meine Füße. Als es endlich klingelte, wollte ich nur so schnell wie möglich den Klassenraum verlassen. Ich hatte es schon bis zur Tafel geschafft und stand gerade unter dem albern dudelnden Rentier aus Plüsch, als Miss Fuller mich doch noch erwischte.

»Nächste Woche erwarte ich ein neues, nussfreies Projekt von dir«, zischte sie.

In Ordnung. Nussfrei, das würde sie bekommen. Ob es spuckefrei werden würde, da war ich mir allerdings nicht so sicher.

Gunnar ging es gar nicht gut. Bereits heute Morgen hatte ich den Geruch wahrgenommen, der aus dem Wohnzimmer bis hinaus in den Flur wehte. Als ich am Nachmittag aus der Schule kam, war es kaum auszuhalten. Der Fall war klar. Unser Rentier hatte Blähungen.

»Wir müssen lüften, bevor Mama kommt«, rief ich. Mit dem Schal vor Mund und Nase rannte ich durchs Haus und riss trotz der Eiseskälte alle Fenster auf. Sicherheitshalber öffnete ich sogar die Haustür.

Um ihm eine Freude zu machen, hatten Anna und ich gestern Abend heimlich die restlichen Lebkuchen aus der Schulmülltonne gefischt, wo Miss Fuller sie entsorgt hatte. Ein Fehler. Nun saß Anna bei Gunnar auf dem Sofa. Gegen die klirrende Kälte trug sie ihre Mütze. Die Hände steckten in dicken Fäustlingen.

»Du, Gunnar? Wenn du kein Heu magst wie normale Caribous und dir Lebkuchen nicht bekommen, meinst du, dieses Spezialfutter für Santas Rentiere könnte dir schmecken?«, fragte sie zaghaft.

Neben ihr auf dem Sofa ertönte ein leises Pupsen.

»Es enthält sogar Glitzerstaub«, versprach ich.

»Glitzer?«, erkundigte er sich prompt. »Einen leichten Appetit verspüre ich durchaus. Vielleicht könnte ich es ja probieren.«

Das war doch mal ein Wort.

Bevor er es sich anders überlegen konnte, holte ich mein Taschengeld und sprintete los zu Tylers Heimwerkerladen.

Die Päckchen standen auf einem Tisch in der Nähe der Kasse. Kleine durchsichtige Beutel mit einem hübschen Etikett, auf dem in roter Schnörkelschrift *Magisches Rentierfutter* stand. Ob es tatsächlich magisch war, wusste ich natürlich nicht. Eigentlich sah es eher aus wie eine Kinder-Portion Müsli mit Bastel-Glitzer. Dafür war der Preis allerdings ganz schön heftig. Mein Geld reichte gerade für fünf Beutel. Aber immerhin traf ich damit den Geschmack unseres verwöhnten Haustieres.

»Gar nicht schlecht«, befand Gunnar, als ich zurück war. Er schleckte die letzten Flocken vom Boden auf. »Zumindest für den Anfang.«

Oh, nein. Das würde teuer werden. »Wie viel Geld haben wir noch?«, fragte ich Anna. Wegen der frostigen Luft im Haus hinterließ jedes Wort eine weiße Wolke.

Anna wühlte mit Handschuhen in unserem Haushaltsportemonnaie. »19 Dollar und 43 Cent. Aber wenn wir alles ausgeben, wird Mama Fragen stellen.«

Das mussten wir wohl riskieren. Wir hatten keine Wahl.

Doch kurze Zeit später verschwand auch die zweite Fuhre – *schwupdiwup* – im Nichts. Und Gunnar war noch lange nicht satt. Jetzt hatten wir echt ein Problem.

Natürlich weiß ich, dass man nicht stehlen darf. Aber das war jetzt wirklich ein Notfall. Mama hatte mir mal von etwas erzählt, das sie *Mundraub* nannte. Das bedeutet, wenn man richtig Hunger und wirklich kein Geld für Essen hat, ist Stehlen nicht verboten. Zumindest nicht sehr. Und im Grunde war es ja genau das. Gunnar brauchte Nahrung. Nicht irgendwelche, sondern Rentierfutter. Magisches, wenn es sein musste. Wir hatten dafür unser ganzes Geld ausgegeben. Wenn ich jetzt nichts stehlen würde, musste er hungern. Oder wieder Müll fressen. Aber das war ja auf Dauer keine Lösung.

Deswegen wartete ich, bis alle im Bett waren und auch Mama das Licht in ihrem Zimmer gelöscht hatte. Dann kramte ich die Taschenlampe aus der Schublade in der Küche, zog meine dicke Winterhose und eine Jacke über den Schlafanzug und schlüpfte aus dem Haus.

Schnell huschte ich durch den Vorgarten, die Straße entlang und hinüber zu Tyler. Ich wusste, dass er im Schuppen hinter dem Haus die Vorräte für seinen

Laden aufbewahrte. Allein deswegen hatte ich eigentlich erwartet, zumindest dicke Ketten und ein Schloss vorzufinden, weshalb ich mich schon darauf eingestellt hatte, durch ein Fenster einzusteigen. Doch als ich ohne große Hoffnung gegen die Tür drückte, war sie nicht einmal abgeschlossen!

Für einen Moment hielt ich inne. Dann überwand ich mein schlechtes Gewissen und machte mich auf die Suche.

Anscheinend lagerte Tyler private Dinge und Sachen für den Laden quer durcheinander. In einer Ecke standen seine Ski. Ein altes Kanu hing unter der Decke. Diverse Kisten stapelten sich entlang der Wände. Als Erstes öffnete ich eine Box mit Christbaumschmuck. Der war noch originalverpackt und bestimmt für den Verkauf. Ebenso die Kerzen, Dünger und Holzschrauben, die in den nächsten Kisten warteten.

Hinter einer Rolle Teichfolie fand ich einen Karton mit Weihnachtsmännern aus Schokolade.

Da Tyler keine Lebensmittel verkaufte, waren die vermutlich für ihn selbst. Ein ganzer Karton für einen einzigen Mann! Und ich hatte ein schlechtes Gewissen?

Ich suchte weiter, fand ein paar Konservendosen, aussortierte Hosen und alte Autoreifen. Aber schließlich entdeckte ich in einer Ecke mehrere Säcke. Sie waren bis an den Rand mit Haferflocken gefüllt. Und mir stockte der Atem. Denn in der Schachtel daneben lagen eine Tüte mit Glitzerstaub, ein Stapel Zellophan-Beutel und die Etiketten.

Dieser Schwindler! Von wegen magisches Rentierfutter!

Ich meine, nicht dass ich wirklich daran geglaubt hatte. Wenn kleine Mädchen im Gegenzug für ihre Geschenke Santas Rentiere mit Glitzerfutter verwöhnen wollten, sollen sie das tun. Aber dass Tyler dieses Futter aus billigsten Zutaten selber mischte, um es dann ziemlich teuer im Laden zu verkaufen, war etwas anderes. Zumindest war damit mein eigenes schlechtes Gewissen wie weggeblasen.

Weil die großen Säcke zu schwer waren, nahm ich eine leere Papiertüte, die auf dem Boden lag, und füllte eine großzügige Portion magisches Futter für unser eigenes unsichtbares Rentier ab. Um Gunnar eine Freude zu machen, schaufelte ich sogar ein bisschen mehr Glitzerstaub hinein, als vielleicht nötig gewesen wäre. Dann faltete ich die Tüte zu, schüttelte alles einmal gut durch und machte mich wieder aus dem Staub.

Diese Portion würde für ein paar Tage reichen. Und wenn nicht, konnte ich jederzeit wiederkommen. Mit den Vorräten, die hier lagerten, war die Versorgung unseres Rentiers erst einmal gesichert.

Glücklich schlich ich zurück nach Hause und verstaute alles unter meinem Bett.

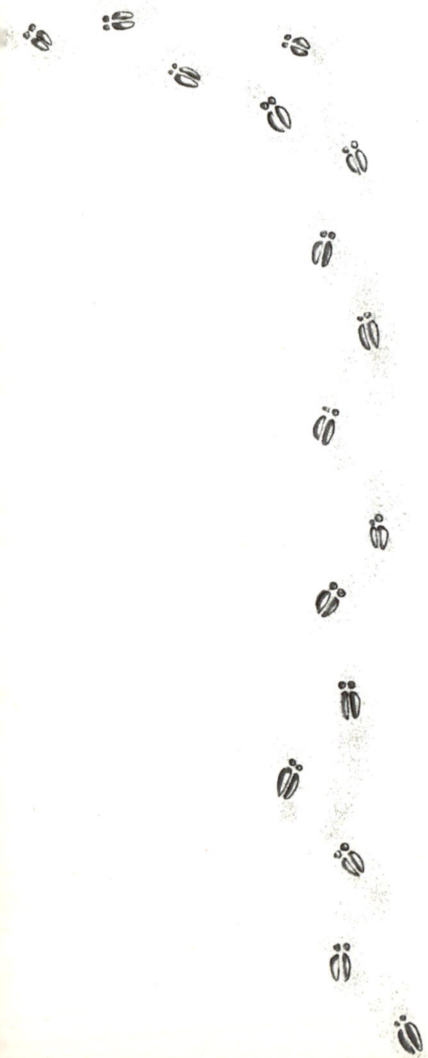

Als ich Anna von der Mundraub-Aktion erzählte, bekam sie große Augen. Ich glaube, sie bewunderte mich wirklich. Wir liefen gerade zusammen von der Schule nach Hause und freuten uns, dass Gunnar endlich etwas Vernünftiges zu fressen hatte. Schmaler wurden die Augen meiner Schwester erst, als ich von dem angeblich magischen Rentierfutter berichtete, für das wir unser ganzes Taschengeld und sogar Mamas Haushaltsgeld geopfert hatten.

»Das mischt er selbst?«, bohrte sie nach. Ihre Augen waren jetzt dunkle Schlitze.

»Yap. Dann füllt er es in kleine Beutel, klebt hübsche Etiketten darauf und verkauft es für viel Geld.«

»Das ist eine Unverschämtheit! Dabei tut er immer so nett.«

»Klar, wenn er um Mama herumscharwenzelt. Aber in der Dunkelheit seines Schuppens panscht er Rentierfutter.«

Das stimmte so nicht ganz. Denn im Schuppen war es nicht wirklich dunkel gewesen. Eigentlich sogar ziemlich hell, nachdem ich das Licht eingeschaltet hatte. Aber *in der Dunkelheit seines Schuppens* klang einfach aufregender. Offenbar auch für Rentiere.

»Was macht der Freund eurer Mutter in der Dunkelheit seines Schuppens?«, dröhnte eine Stimme neben meinem Ohr, sodass ich erschrocken zusammenzuckte.

Ich war so in Gedanken an Tyler versunken gewesen, dass ich die Hufabdrücke, die sich im Schnee auf uns zubewegt hatten, gar nicht bemerkt hatte. Anna hingegen schaltete sofort und berichtete Gunnar aufgeregt von Tylers Untaten, bis sogar unser eigenes magisches Rentier empört schnaubte.

»Unglaublich! Und so ein Mann macht eurer Mutter schöne Augen. Wisst ihr, was in anderen Ländern mit Lügnern passiert? Ihnen wird – *schwups* – der Mund mit Seife ausgewaschen.«

»*Schwups?*«, entfuhr es Anna und mir gleichzeitig.

»*Schwupdiwup*«, bestätigte Gunnar.

»Hast du das wirklich gesehen?«, flüsterte Anna ehrfürchtig.

»Wo?«, wollte ich wissen.

Den Schneespuren nach schabte Gunnar mit dem Vorderhuf. »Also, richtig selbst gesehen habe ich es vielleicht nicht«, lenkte er ein. »Aber davon gehört.«

»Vielleicht könnten wir Tyler auch so eine Lektion erteilen«, überlegte ich.

Anna legte den Kopf schief und nickte. »Allerdings wird es schwierig, ihm den Mund mit Seife auszuwaschen. Falls er sich wehrt, meine ich.«

Gunnar grunzte, als würde er darüber nachdenken.

»Tja, wir müssen wohl einen Trick anwenden«, wandte ich geheimnisvoll ein. Denn ich hatte eine Idee. »Da ist noch dieser Karton mit den Schoko-Weihnachtsmännern …«

Natürlich waren Anna und Gunnar schnell überzeugt. So kam es, dass ich zum zweiten Mal innerhalb weniger Stunden in Tylers Schuppen einbrach. Dieses Mal wollte ich allerdings nichts stehlen. Ich war auch nicht allein. Gunnar und Anna waren natürlich dabei.

Während der unsichtbare Gunnar am Eingang Schmiere stand, hockten Anna und ich uns unter dem alten Kanu auf den Boden, stellten den Karton mit den Schokofiguren in unsere Mitte und machten uns daran, sie alle einzeln aus ihrer bunten Folie zu wickeln. Das war gar nicht so einfach. Aber wenn man vorsichtig war und die Fingerspitzen benutzte, ging es ganz gut. Wichtig war nur, dass sowohl die Folie als auch die Weihnachtsmänner nicht beschädigt wurden.

Als alle ausgewickelt waren, zog Anna eine Flasche Handseife mit Mandelmilch-Aroma hervor. Wir hatten sie aus unserem Vorrat stibitzt und sicherheitshalber auch Mamas extrascharfe Chili-Soße eingepackt. Für den besonderen Geschmack. Obwohl wir wussten, dass man davon nur ganz wenige Tropfen unter eine große Portion Reis mischen durfte, kippte Anna jetzt einen großzügigen Schuss in die Seife und schüttelte alles tüchtig durch.

»Das riecht aber lecker«, grunzte Gunnar aus der Nähe der Tür.

Anna grinste von einem Ohr zum anderen.

»Das täuscht«, versprach ich, während ich eine Spritze mit unserer Spezial-Mandelseife-Chili-Mischung befüllte.

Normalerweise benutzte Mama die Spritze, um die Scharniere der Türen und Schränke zu ölen. Deswegen hatte ich sie einigermaßen saubergemacht. Wir wollten Tyler ja nicht vergiften. Nun pikste ich mit der Nadel winzig kleine Löcher in die Schoko-Weihnachtsmänner und drückte ein wenig Spezialsoße *extrascharf* hinein. Jede Figur, mit der ich fertig war, reichte ich an Anna weiter, die sie wieder sorgfältig in ihre hübschen Weihnachtsmann-Kostüme aus Alufolie wickelte. Wenn man nicht genau darauf achtete, sahen sie fast so aus wie neu. Liebevoll stellte meine Schwester einen Weihnachtsmann nach dem anderen zurück in den Karton.

Als wir endlich fertig waren und der Karton wieder an seinem alten Platz stand, waren wir alle ziemlich aufgeregt. Anna summte *Morgen, Kinder, wird's was geben*. Gunnar bekam einen Schluckauf. Und ich kicherte wie ein Mädchen beim Anblick eines Rentier-Babys.

Schnell rannten wir hinaus, schlossen hastig die Schuppentür hinter uns und eilten die Straße hinab nach Hause.

Niemand würde etwas von unserem Streich erfahren. Mama war noch nicht zurück. Tyler arbeitete in seinem Laden. Und zu unserem Glück hatte es wieder zu schneien begonnen. Bald verschwanden auch die letzten Fuß- und Hufabdrücke unter einer dicken Schicht aus weißem Schnee.

Am Samstagmorgen schneite Tyler noch vor dem Frühstück bei uns herein. Er sah völlig normal aus. Wahrscheinlich hatte er unsere Schoko-Seife-Weihnachtsmänner noch nicht angerührt.

»Ich dachte mir, wir zwei könnten ein paar Runden über den Eisring laufen, bevor das Mannschaftstraining beginnt«, schlug er mir vor. Natürlich guckte er dabei gar nicht mich, sondern Mama an und zwinkerte ihr verschwörerisch zu.

Dass es sich tatsächlich um eine Verschwörung handelte, wurde mir sofort klar, als ich meine Tasche fertig gepackt im Flur entdeckte. Schlittschuhe, Mütze und Schal – alles lag bereit. Und das, obwohl ich gestern meine Klamotten nach dem Training mit Gunnar einfach in die Ecke geworfen hatte.

»Dann mache ich in der Zwischenzeit Frühstück«, säuselte Mama. Bevor ich widersprechen konnte – immerhin hätte man mich mal fragen können –, schob sie mich zur Tür. »Viel Spaß, ihr beiden«, rief sie und winkte uns hinterher.

Im nächsten Moment fand ich mich in Tylers Pickup wieder. Aus dem Radio dudelte schnulzige Countrymusik. Unter mir dröhnte der Motor.

»Acht Zylinder«, stellte Tyler stolz fest. »Der schnurrt wie ein Kätzchen.«

Was auch immer acht Zylinder sein sollten, das Auto schnurrte nicht wie ein Kätzchen. Es klang eher wie ein Elch mit Keuchhusten. Aber das sagte ich nicht. Tyler war eben ein Angeber. Egal, ob Weihnachtsbeleuchtung oder Auto. Ich hoffte nur, dass er sich auf dem Eis zurückhalten und mich nicht durch peinliche Aktionen blamieren würde.

Zum Glück war um diese Zeit in der Halle noch nicht viel los. Nur die alte Lady mit dem schwarzen Outfit drehte auf der anderen Seite wieder ihre Pirouetten.

Zögernd wartete ich an der Bande. Auf den dünnen Kufen fühlte ich mich mittlerweile ganz wohl. Unsicher machte mich bloß Tyler, der jetzt seine riesige Pranke auf meiner Schulter ablegte.

»Keine Bange«, brummte er. »Jeder hat mal klein angefangen.«

Er machte einen Schritt auf das Eis, drehte sich zu mir um und streckte mir seine Hände entgegen. Das fehlte gerade noch! Ich würde ganz bestimmt nicht mit ihm Händchen halten.

Rasch trat ich an ihm vorbei in den Ring, stieß mich ab und schoss übers Eis. So wie ich es mit Gunnar geübt hatte. Erst als ich weit genug weg war, stoppte ich abrupt, ließ nur so zum Spaß das Eis ein bisschen aufspritzen und drehte mich lässig um.

Tyler machte ein Gesicht wie ein Schaf im Schneesturm. »Alle Achtung! Deine Mutter hat dich wohl unterschätzt.«

Er grinste breit, und irgendwie musste auch ich jetzt grinsen. Damit waren die Fronten wohl geklärt. Zumindest auf dem Eis. Eigentlich hatte ich gedacht, dass Tyler mich nun in Ruhe lassen würde. Von mir aus konnten wir ja noch ein paar Runden laufen. Jeder für sich. Damit Mama glücklich war. Gleich, wenn das Team kam, mussten wir eh unsere Sachen packen. Doch da hatte ich meine Rechnung ohne Tyler gemacht. Im Nu hatte er mich eingeholt.

»Das war schon ganz ordentlich«, stellte er fest, während er rückwärts vor mir her glitt. »Jetzt mach mir das mal nach.« Er verlagerte sein Gewicht von rechts nach links, setzte einen Fuß über den anderen und sprang herum.

Danke, ich komme auch ohne dich klar, wollte ich gerade sagen und ihm dabei scharf in die Augen sehen. Ich kam aber nur bis *Danke.* Denn etwas in seinem Gesicht hielt mich zurück. Er sah so glücklich aus, als würde es ihn wirklich freuen, heute und hier mit mir zu üben. Warum auch immer.

Verunsichert schluckte ich meine bissige Antwort hinunter. Ein bisschen Technik würde mir schon nicht schaden. Vielleicht konnte er mir ja ein paar Tricks zeigen, die Gunnar auf seinen vier Hufen nicht draufhatte.

Also gab ich mir einen Ruck und machte es ihm nach. Gewicht von rechts nach links verlagern, einen Fuß über den anderen und umspringen.

Wie sich herausstellte, war Tyler als Trainer gar nicht mal so übel. Ein bisschen angeberisch vielleicht.

Aber wenn ich meine Füße so setzte wie er und das Gewicht genau im richtigen Moment verlagerte, schaffte ich selbst die schwierige Drehung fast ohne zu kippeln. Als das saß, ließ Tyler mich Anlauf nehmen und immer wieder an einer bestimmten Linie abbremsen, bis sich mein Bremsweg jedes Mal ein wenig verkürzte. Danach übten wir enge Kurven.

Irgendwann vergaß ich völlig, mit wem ich trainierte, und konzentrierte mich nur noch auf meine Technik. Erst als Jaymie in voller Montur neben uns auftauchte, sah ich auf die Uhr.

»Gar nicht schlecht«, staunte er. »Trainiert ihr öfter?«

Tyler lachte. »Heute zum ersten Mal«, gab er zu und knuffte mich in die Seite. »Dein Freund hat Talent.«

Ausnahmsweise und nur weil er mich vor Jaymie gelobt hatte, wehrte ich ihn nicht ab.

»Wir haben noch ein paar Minuten«, verkündete Tyler und grinste. »Was meinst du? Machst du mit?«

Er zog einen Puck aus seiner Tasche und nahm Jaymie, der reichlich verblüfft nickte, den Schläger ab. Er legte den Puck vor sich ab, drehte sich wie ein Blitz auf der Stelle und feuerte den Puck mit dem Schläger ins Tor. Angeber-Tyler in seinem Element. Am liebsten wäre ich im Eis versunken.

Doch neben mir hörte ich Jaymie ehrfürchtig hauchen: »Hammer!« Dann brach er in wilden Jubel aus. »Paul, war das nicht mega?«

Tyler strahlte und zwinkerte, als würde er auch von mir Applaus erwarten.

»Ja. Ganz nett«, gab ich artig zu. »Für den Anfang.«

»Ich zeig's euch, Jungs«, versprach Tyler prompt. »Aber der Trick bleibt unter uns. Klar?« Dabei schaute er sich um, als würde es hier von Spionen nur so wimmeln.

Wie sich herausstellte, war es nicht halb so schwierig, wie Jaymie geglaubt hatte. Tyler zerlegte die Bewegung in ihre Einzelteile. Man musste nur breitbeinig auf das Tor zugleiten und dabei mit dem Schläger zwischen den Beinen durch nach hinten reichen. So zog man den Puck erst ein Stück hinter sich her. Wenn man sich dann auf der Hinterkante der Kufe schnell um die eigene Achse drehte, schob sich der Puck fast von selbst auf den Schläger. Dann nur noch weiter drehen, schleudern, Tor. Im Grunde war es total leicht. Leider kamen wir nicht mehr dazu, es selbst auszuprobieren.

»Kannst du mir das echt beibringen?«, stieß Jaymie begeistert hervor. Wahrscheinlich hatte er ganz vergessen, dass er eigentlich zum Training musste.

Tyler lachte nur und winkte jemandem am Rand zu. »Nächstes Mal, Kumpel. Für heute überlasse ich Coach Roberts das Eis.«

Er legte väterlich die Hand auf meine Schulter. Schnell wollte ich einen Schritt von ihm weg machen. Denn am Rand versammelte sich bereits das Team. Aber dann sah ich ihre Blicke. Sie beobachteten uns fast neidisch. Ich sah Coach Roberts, der Tyler grüßte. Und ich sah Tyler.

Er erinnerte mich immer noch ein bisschen an ein Schaf. Eines, das mich gerade hoffnungsvoll angrinste und murmelte: »Wir können das gerne wiederholen, wenn du magst.«

»In Ordnung«, hörte ich mich plötzlich und zu meiner eigenen Überraschung sagen. Aber das war wohl okay. Etwas mehr Training konnte schließlich nicht schaden …

Erst als wir wieder nach Hause kamen, Tyler ganz selbstverständlich hinter mir das Haus betrat, ohne die Schuhe auszuziehen, in unsere Küche stapfte und sich an Mamas Kaffee bediente, erinnerte ich mich wieder daran, dass ich ihn eigentlich aus unserem Leben werfen wollte.

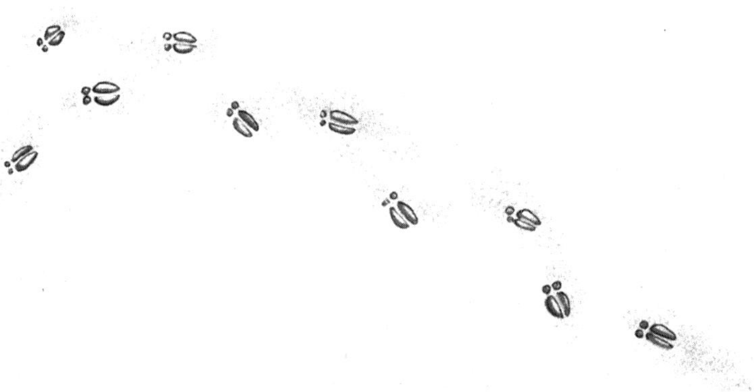

Mit dem Rausschmeißen musste ich allerdings warten. Erstens wollte Tyler mir ja noch den Trick mit dem Puck beibringen. Und zweitens hatte er für heute eine Überraschung geplant. Darauf hatte ich zwar keine große Lust. Aber Mama war so aufgeregt, dass ich es ihr nicht verderben wollte. Selbst Anna freute sich. Denn Tyler nahm uns mit zur großen Weihnachtsparade nach Toronto.

Das Problem war Gunnar. Aus irgendeinem Grund wollte er nicht allein zu Hause bleiben und rannte hinter dem Pick-up her. Rentiere sind ziemlich schnell. Das hatte ich in einem der Bücher gelesen. Und Gunnar hatte ja selbst behauptet, er sei stark wie ein Baum und schnell und ausdauernd. Bis zum Nordpol und zurück.

Von wegen! Bereits vor Jamestown machte er schlapp. Dabei ist das nur unser Nachbarort. Wie Santas Rentiere innerhalb einer Nacht einmal um die ganze Erde düsen und dabei noch einen Schlitten und einen ganzen Haufen Geschenke mit sich schleppen konnten, war mir ein Rätsel. Gunnar jedenfalls nutzte die nächste rote Ampel, um – *schwups* – auf die Ladefläche des Pick-ups zu springen. Es polterte ein bisschen. Mama sah sich erschrocken um. Auch Tyler warf einen Blick nach hinten. Aber dann wurde die Ampel grün, jemand hupte, und er musste weiterfahren.

Als wir endlich in Toronto ankamen, wurde mir klar, dass es wirklich keine gute Idee gewesen war, Gunnar mitzunehmen. Die Toronto-Weihnachtsparade war ungefähr so beliebt wie Weihnachtsmarkt und Karnevalsumzug zusammen. Schon der Parkplatz war voller Menschen. Alle hatten sich gegen die Kälte dick angezogen und walzten über die Bürgersteige der Innenstadt. Zum Glück waren die Straßen bereits für den Umzug gesperrt, sodass Gunnar unbemerkt neben uns hertraben konnte. Wenn ich genau hinhörte, konnte ich das Klappern seiner Hufe auf dem festgefahrenen

Schnee hören. In dem Treiben ging es allerdings fast unter.

Wir fanden einen guten Platz an einer Kreuzung. Tyler und Mama standen hinten. Davor Anna und ich, verpackt in mehrere Schichten aus Pullovern und Jacken. Zu unseren Füßen lag Gunnar und schnarchte leise. Wahrscheinlich war die ganze Anreise für ihn bereits aufregend genug gewesen.

Kurze Zeit später zogen zig Wagen mit riesigen Eisbären, Rentierschlitten aus Pappmaché und Elfen an uns vorbei. Ihnen folgten eine gigantische Gans mit goldenem Schnabel und ein halbes Holzhüttendorf samt Kunstschnee. Dazwischen liefen Bands in bunten Kostümen. Ganze Gruppen, die sich als lebensgroße Nussknacker, Weihnachtswichtel und Lebkuchenmänner verkleidet hatten. Sogar Clowns. Alle sangen und tanzten, winkten und jubelten. Aus den Lautsprechern dudelte fröhliche Weihnachtsmusik. Nur Gunnar schlief tief und fest wie ein junges Kälbchen. Dabei war die Parade wirklich cool. Wir lachten und staunten, bis wir durchgefroren und unsere Füße nur noch Eisklötze waren. Zum Glück konnte ich schon Santa Claus auf dem letzten Wagen erkennen.

Doch da tauchten plötzlich zwei Clowns vor Anna und mir auf. Anscheinend wollten sie uns unbedingt die Hände schütteln. Sie konnten ja nicht ahnen, dass zwischen uns auf dem Boden ein schlafendes Rentier lag. Es war zwar unsichtbar, aber trotzdem ein massives Hindernis. Ich spürte, wie Panik in mir hochkroch. Wenn ich jetzt nicht schnell etwas unternahm, würde unser Geheimnis jeden Moment auffliegen. Also hechtete ich mit einem Satz um Gunnar herum, den Clowns entgegen. Zumindest war das mein Plan. Leider war er wieder einmal größer, als ich dachte. Statt die Gefahr zu umgehen, blieb ich an Gunnars Geweih hängen. Ich stolperte. Meine Eisklotz-Füße gaben nach. Und ich fiel der Länge nach hin, den Clowns genau vor die Schuhe. Nur das war leider noch nicht das Schlimmste.

Den armen Gunnar hatte ich mit meiner Aktion aus dem Tiefschlaf gerissen. Mit einem aufgeregten Grunzen schreckte er hoch und rannte los – mitten

hinein in die letzte Gruppe der Parade. Ich sah einen Zinnsoldaten scheinbar grundlos stolpern, hörte von weiter weg den Aufschrei einer Schneeprinzessin, neben der ein mannshoher Nussknacker einfach umkippte. Bevor ich mich hochrappeln und in Richtung Chaos rennen konnte, versperrte mir Santas gigantischer Schlitten mit seinen acht Pappmaché-Rentieren die Sicht.

»Gunnar?«, rief ich leise. Doch es half nichts.

Kaum war Santa mit seinem Wagen weitergezogen, stellte ich mich auf die Zehenspitzen. Ich drehte mich einmal im Kreis und suchte die Straße ab. Aber ein unsichtbares Rentier ist eben schwer zu sehen.

»Wo ist er?«, fragte Anna neben mir. Panik schwang in ihrer Stimme.

Weil die Parade vorbei war, strömten jetzt immer mehr Menschen auf die Straße. Alle redeten durcheinander und sangen Weihnachtslieder. Ich horchte angestrengt, aber bei dem Lärm konnte ich weder Hufgetrappel noch ein Schnaufen hören.

Ich weiß nicht, wie Rentiere sich in der Natur über große Distanzen verständigen. Gunnar jedenfalls röhrte. Laut und klar. Einige Leute sahen sich verwirrt um.

»Wer hat denn den Elch hier reingelassen?«, scherzte Tyler.

Meine Schwester verdrehte die Augen und atmete erleichtert aus. »Rentier!«, flüsterte sie und grinste.

»Ich glaube, es kam vom Parkplatz«, zischte ich zurück. »Bestimmt wartet er am Pick-up auf uns.« Ich war so erleichtert, Gunnar in Sicherheit zu wissen, dass ich Anna umarmte. Sie freute sich aber mindestens genauso.

Nach einem Umweg am Auto vorbei – Anna gab vor, ihr Taschengeld vergessen zu haben – folgten wir Mama und Tyler zum Weihnachtsmarkt, wo wir uns endlich mit heißem Apfelpunsch wärmen und Kartoffel-Tornado-Spieße verschlingen konnten. Gunnar, das wussten wir nun, lag zufrieden auf der Ladefläche.

Kalt würde es ihm schon nicht werden. Er war schließlich ein Rentier.

Zum Nachtisch spendierte Mama uns allen eine Waffel. Und Tyler deckte sich mit *Chicken Bones* ein.

»*Hühnerknochen* – was für ein blöder Name für ein Bonbon!«, raunte ich Anna zu.

»Das Beste, was es zu Weihnachten gibt«, behauptete Tyler und kaute auf einem der klebrigen rosa Dinger herum.

»Vermutlich auch das einzige«, bemerkte Mama. »Viele Weihnachtsleckereien gibt es hier ja nicht. Abgesehen von deiner selbst gebackenen *Pumpkin Pie* natürlich.« Sie strahlte ihn an.

Auch wenn Tyler eine Mütze trug, konnte ich sehen, dass seine Ohren rot wurden. Aber er grinste gutmütig.

Eine Stunde später kehrten wir vollgefuttert zum Auto zurück. Auch Gunnar hatte sich wieder von seinem Schock erholt. Während Tyler den Wagen auf die Autobahn steuerte, hörte ich ihn auf der Ladefläche Weihnachtslieder summen, bis Mama sich schließlich umdrehte und fragend von Anna zu mir guckte.

»Tylers Auto schnurrt wie ein Kätzchen«, erklärte ich schnell. Zur Sicherheit beugte ich mich aber über die Lehne nach vorn und drehte das Radio auf.

Sofort schallte *Rudolph, das rotnasige Rentier* durchs Auto. Sehr passend. Tyler stimmte sofort ein, und bald sangen wir alle mit.

Das Lied war noch nicht ganz vorbei, als Anna plötzlich laut auflachte. Wahrscheinlich hatte sie erst jetzt den Witz verstanden. Ich konnte sehen, dass sie den Mund öffnete, und wusste, was sie gleich sagen würde. Anna kann wirklich gut lügen. Eigentlich liebt sie Geheimnisse. Aber manchmal vergisst sie, dass ein Geheimnis eben dazu da ist, es geheim zu halten. Dann plappert sie einfach drauflos.

Genau so ein Moment war jetzt. Ich sah die Gefahr kommen wie ein heranrasendes Rentier …

Meine Schwester drehte sich um. Sie zeigte auf die Ladefläche. Ihre Augen leuchteten, und ihre Lippen formten das erste Wort.

Die Tüte mit Tylers *Chicken-Bone*-Bonbons lag direkt neben meinem Sitz. Blitzschnell griff ich hinein, zog gleich fünf der klebrigen Stangen auf einmal heraus und stopfte sie meiner Schwester in den Mund.

Anna starrte mich für die Dauer von drei Wimpernschlägen stumm an. »Oh«, gurgelte sie dann. »Oh, oh!«, und guckte schuldbewusst zu Mama und Tyler.

Doch die sangen bereits den nächsten Song mit.

Weil Coach Roberts Schnupfen hatte, fiel das Eishockey-Training an diesem Montag aus. Stattdessen trafen sich alle am Waldrand zum Schlittenfahren.

Jaymie, Mohini und Lloyd hatten schon die ersten Abfahrten hinter sich gebracht, als Anna, Gunnar und ich ankamen.

Unser Rentier freute sich über den Ausflug. Die Erlebnisse in Toronto schienen Gunnar nicht beeindruckt zu haben. Statt sich zurückzuhalten und abseits den Wald zu erkunden, sprang er gut gelaunt zwischen Kindern und Schlitten umher und hinterließ …

… Hufspuren! Oh, nein!

Zum Glück reagierte Anna blitzschnell. Sie warf sich einfach rücklings in den Schnee. Genau auf einen Abdruck. Mohini machte es ihr sofort nach, auch wenn sie natürlich nicht wissen konnte, warum. Lachend bewegten sie ihre Arme und Beine wie zwei liegende Hampelmänner. Dann sprangen sie auf und begutachteten ihre Engel-Abdrücke im Schnee.

Schon bald war der ganze Hügel mit Schlittenspuren, Stiefelabdrücken und Schnee-Engeln bedeckt. Zudem kamen immer mehr Kinder, sodass Gunnars Hufspuren schließlich kaum noch auffielen.

Mit meinem alten Holzschlitten kam ich mir zwischen den ganzen Profi-Schlitten ein bisschen verloren vor. Die meisten hatten richtige Lenkschlitten oder coole Boogie-Boards. Nur Lloyd schwenkte den runden Deckel einer Mülltonne und behauptete, das sei der beste Schlitten aller Zeiten. Manchmal wunderte es mich nicht, dass die meisten ihn für einen Spinner hielten. Aber mit meinem Kleinkinder-Holzrodel wollte ich den Mund lieber nicht zu weit aufreißen. Immerhin war Lloyd auf seinem Deckel schneller als Jaymie auf dem Plastik-Bob.

»Lust auf ein Rennen?«, fragte Jaymie mich, als er den Hügel wieder hinaufgestapft war.

»Zieh dich warm an!«, höhnte ich. »Los!«

Sofort schossen wir hinab. Das heißt, eigentlich schoss nur Jaymie. Ich tuckelte gemächlich hinterher.

»Das war nur ein Test«, rief ich sofort. »Noch mal!«

So war ich zwar zu langsam. Doch wenn ich Anlauf nahm und mich mit dem Kopf voran auf meinen Schlitten warf, könnte es gehen. Tatsächlich wurde ich von Mal zu Mal schneller. Um Jaymie zu schlagen, reichte es aber nicht. Wir zogen gerade wieder unsere Schlitten den Hügel hinauf, als hinter uns eine Stimme schnarrte.

»Hey, Gurkengesicht! Ist das der Schlitten von deinem Opa?« Ich musste mich gar nicht umdrehen, um zu wissen, dass es Duncan war. Natürlich hatte er keinen Holzrodel. Auch keinen Lenkschlitten und schon gar keinen umfunktionierten Haushalts-Gegenstand. Duncan zog einen nigelnagelneuen *Snowracer* den Hügel hinauf. Er sah aus wie ein Mini-Jetski auf Kufen.

»Na, wer traut sich?«, rief er in die Runde.

»Paul!«, antwortete von irgendwoher ein übermütiges Rentier. Oh, nein! Ein paar Kinder blickten sich suchend um. Aber zum Glück fanden sich andere Freiwillige, sodass Gunnars Ruf bald vergessen war. Dachte ich zumindest.

Einer nach dem anderen trat gegen Duncan an. Jaymie hielt sich gut, hatte aber keine Chance. Die beste Nummer gab tatsächlich Lloyd ab. Er erreichte auf seinem Mülltonnen-Superschlitten die Ziellinie nur den Bruchteil einer Sekunde hinter Duncan. Aber eben immer noch zu spät.

Dann kam es.

»Was ist jetzt mit dir, Gurkengesicht?«, krähte Duncan und sah mich herausfordernd an.

Nur gut für Gunnar, dass er unsichtbar war. Sonst hätte er wirklich was erleben können.

Am liebsten hätte ich gekniffen. Aber das konnte ich jetzt nicht mehr. Anna, Mohini und die anderen Mädchen, das halbe Hockeyteam, eigentlich alle standen in einem Kreis um mich herum und warteten auf eine Antwort. Unsicher sah ich mich nach Hilfe um. Doch da war niemand. Zumindest niemand, den ich sehen konnte.

»Schnürsenkel«, schnaubte Gunnar fröhlich direkt neben meinem Ohr.

Tolle Idee! Nur leider trug ich heute Stiefel.

Aus der Nummer kam ich trotzdem nicht raus. Duncan musterte mich schon spöttisch, als würde er nur darauf warten, dass ich einknickte. Ich musste mir schleunigst etwas einfallen lassen. »Geht klar«, zischte ich, um Zeit zu gewinnen. »Gib mir nur eine Minute.«

»Was? Musst du erst noch einen richtigen Schlitten kaufen?«, höhnte er. »Ich warte am Start.«

Schnell waren alle verschwunden. Die meisten suchten sich gute Plätze am Rand der Strecke.

Nur Jaymie war geblieben. »Was hast du vor?«, fragte er.

»Willst du, dass ich es Duncan mal so richtig zeige?«, flüsterte ich.

»Schon …« Er sah mich einen Moment lang nachdenklich an. »Aber wie willst du das anstellen? Gegen seinen *Snowracer* hast du keine Chance.«

»Vielleicht doch«, gab ich zurück. »Allerdings brauche ich deine Schnürsenkel. Und du darfst keine Fragen stellen.«

»Echt jetzt?« Jaymie blickte mich ungläubig an. Wahrscheinlich hielt er mich für völlig durchgeknallt, aber das war mir egal. Ich war so wütend auf Gunnar. Duncan drehte sich bereits wieder nach mir um. Vermutlich machte er eine blöde Bemerkung, denn ein paar der anderen lachten. Hoffentlich ließ Jaymie mich jetzt nicht hängen.

Aber Jamyie nickte nur und zog wortlos seine Schnürsenkel aus den Schuhen. Sie waren ziemlich lang und weiß, sodass sie vor dem Schnee kaum zu sehen waren.

»Zeig's dem Blödmann!«, zischte er.

»Okay. Warte am Ziel«, bat ich. Denn erstens brauchte ich einen unparteiischen Schiedsrichter. Und zweitens wollte ich natürlich nicht, dass er meinen Trick durchschaute.

Sobald er weg war, knotete ich schnell eine Schlaufe in den Schnürsenkel und befestigte das andere Ende an meinem Schlitten. »Wehe, du machst wieder schlapp«, beschwor ich Gunnar, als ich die Schlaufe um sein Bein legte. Dann nahm ich meinen Schlitten hoch und trug ihn hinter meinem unsichtbaren Antrieb her zum Start.

Hoffentlich ging mein Plan auf. Viel Zeit zum Nachdenken hatte ich allerdings nicht. Gunnar und ich hatten uns kaum aufgestellt, da schrie Lloyd schon: »Los!«

Duncan schob den Racer an, sprang auf und sauste den Hügel hinab.

Auch ich wollte meinen Schlitten zum Schein ein Stück anschieben. Doch Gunnar war direkt losgestürmt, sodass ich Mühe hatte, mich noch auf den Schlitten zu werfen. Wir rasten hinab. Neben mir wirbelte der Schnee hoch. Wind pfiff mir um die Ohren. Irgendwo vor uns erkannte ich Duncans Jacke. Dann hatten wir ihn eingeholt. Überholt. Und … waren im Ziel.

Im selben Moment hörte ich Jaymie jubeln. Anna kreischte mit Mohini um die Wette. Doch Gunnar war so in Fahrt, dass wir einfach über die Ziellinie hinausschossen.

Erst zwanzig Meter weiter hielt er an. »Ha, dem frechen Jungen auf dem Dreirad haben wir es aber gezeigt«, freute er sich.

»*Snowracer*«, korrigierte ich ihn. Mein Herz raste. Meine Wangen glühten.

Trotzdem löste ich als Allerersten die Schnürsenkel und stopfte sie in meine Tasche.

»*Snowracer*?« Gunnar prustete leise. »Sieht eher aus wie ein Dreirad auf Kufen. Habe ich dir erzählt, was ich mal auf einer Reise nach Sambia …« Plötzlich verstummte er.

Keine Sekunde zu früh. Im nächsten Moment stand Duncan vor uns. Auch er hatte rote Wangen. Aber nicht vor Freude.

»Zeig mir deinen verdammten Schlitten!«, brüllte er. »Hast du die Kufen gefettet? Mit Butter oder Wachs?«

»Nein«, rief ich.

»Selbst wenn, wäre es nicht verboten«, stellte Lloyd fest.

Duncan ließ sich nicht beirren. Er riss mir den Schlitten weg. Seine Hände fuhren über die Kufen. Seine Augen glitten über das Holz. Das halbe Hockeyteam umringte ihn und meinen Schlitten. Dabei war nichts zu sehen. Und schon gar nicht am Schlitten. Grinsend ließ ich sie suchen und gesellte mich zu Jaymie.

Er stand etwas abseits und starrte auf den Boden. »Siehst du auch, was ich sehe?«, fragte er.

Ich folgte seinem Blick, und das Grinsen purzelte mir aus dem Gesicht. Hinter dem Ziel gab es nur noch wenige Schuh- und Kufenspuren. Und keinen einzigen Schnee-Engel.

Deshalb fiel der Abdruck besonders auf.

»Sieht aus wie ein Huf, oder?«, stellte Jaymie fest.

»Ein, äh … ein Huf?«, wiederholte ich heiser und spürte, dass mir plötzlich sehr heiß wurde. Wäre ich nicht so wütend auf Gunnar gewesen und hätte einfach nur so getan, als wären ein paar Hufspuren im Schnee nichts Ungewöhnliches, wäre vermutlich nichts passiert. Hier kamen bestimmt immer mal wieder Rentiere vorbei. Ganz normale, sichtbare Tiere. Doch aus irgendeinem Grund hatte ich das Gefühl, etwas erklären zu müssen.

»Keine Ahnung, wo der herkommt. Ehrlich!«, stammelte ich.

Jaymie zog stumm die linke Augenbraue hoch. Er musterte mich aus seinen dunklen Augen, und ich wusste, dass er mir kein Wort glaubte.

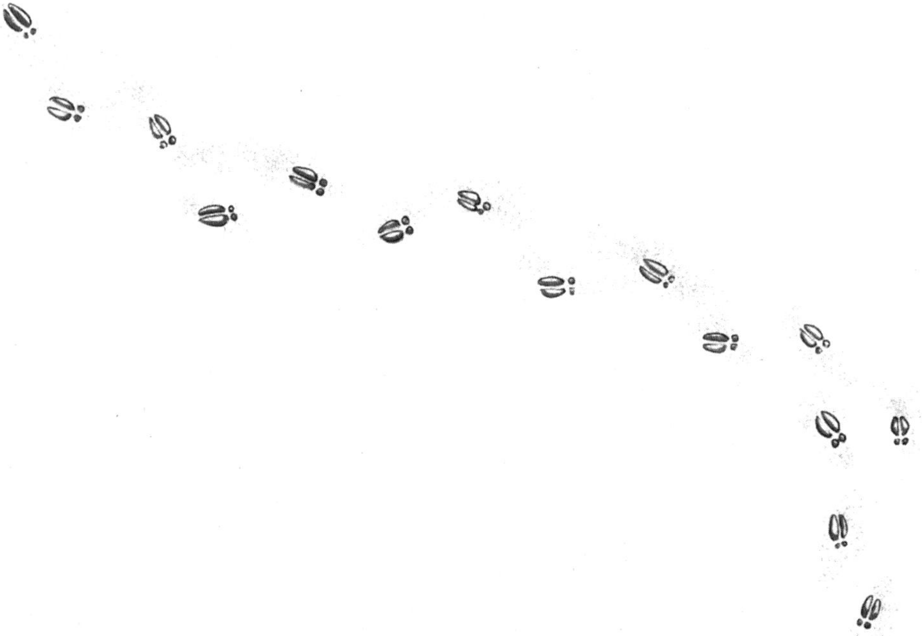

Als ich am Morgen den Klassenraum betrat, schepperte das Plüsch-Rentier von der Tafel sein blechernes Lied, während Miss Fuller darunter wie ein angriffslustiges Raubtier lächelte.

»Hallo, *Pol.* Hast du uns ein neues Projekt aus deiner Heimat mitgebracht?«

Ich nickte stumm und zeigte ihr den Räucher-Josef.

Es war eigentlich Gunnars Idee gewesen. »Rauch, der zum Himmel zieht, schafft eine Verbindung zu den Gottheiten«, hatte er heute Morgen beim Frühstück behauptet und magisches Rentierfutter über den Wohnzimmerboden verteilt. »Das nutzen die Menschen schon seit tausend Jahren. Oder länger. Rauch ist ein wahres Wundermittel.

Er reinigt die Gedanken, vertreibt böse Geister, angriffslustige Kakerlaken und sogar …«

Der Rest seiner Worte war von einem Hustenanfall verschluckt worden. Das war aber auch egal. Wahrscheinlich handelte es sich sowieso nur um eine seiner Geschichten. Trotzdem war die Idee gut, solange ich mich auf die Tatsachen beschränkte.

»Die Räuchermännchen kommen aus dem Erzgebirge«, erklärte ich, nachdem Miss Fuller unseren Rächer-Josef misstrauisch beäugt und endlich als *geeignetes Projekt* freigegeben hatte.

Amanda gähnte. Duncan verdrehte gelangweilt die Augen. Und Lloyd bohrte verträumt in der Nase.

»Sie werden dort alle von Hand geschnitzt. Deswegen ist jedes Männchen anders.«

Ich versuchte, Jaymies Blick einzufangen. Aber er starrte nur auf seinen Block und kritzelte stur darauf herum. Ob er wegen gestern noch sauer war? Nach der Sache mit dem Hufabdruck war er ziemlich schnell nach Hause gegangen. Aber ich hätte ihm ja schlecht die Wahrheit sagen können. Oder?

Weil es im Moment nichts gab, was ich dagegen tun konnte, fuhr ich mit meiner Präsentation fort. Vielleicht war sie ja so cool, dass er danach wieder mit mir sprach.

»Unser Räuchermännchen ist ein Zimmermann, weil mein Opa Zimmermann war. Deswegen trägt er einen schwarzen Anzug, das rot karierte Halstuch und eine Säge.«

»Ah, wie interessant«, bemerkte Miss Fuller und betrachtete gelangweilt ihre glitzernden Fingernägel. Gestern bei Jaymies Vorstellung hatte sie sogar applaudiert. Dabei hatte er nur ein einfaches Strohpferd mitgebracht, von dem jeder wusste, dass seine Mutter es bei Ikea gekauft hatte.

Aber ich war ja noch nicht fertig. Das Beste hatte ich mir für den Schluss aufgehoben.

Das Geniale an unserem Räuchermann war nämlich, dass er nicht einfach nur herumstand. In der Hand, in der er nicht die Säge trug, hielt er eine Pfeife. Und die war echt. Fast jedenfalls. Zumindest konnte er wirklich rauchen.

Damit die gesamte Klasse den Höhepunkt meiner Präsentation verfolgen konnte, borgte ich mir fünf Bücher, legte sie auf Miss Fullers Pult und stellte meine Figur auf den Stapel.

»Es heißt, Rauch reinigt das Haus, den Körper und überhaupt alles«, fuhr ich fort. »Der Qualm schützt vor Ungeziefer und Krankheiten. Und natürlich vor

Dämonen.« Den Rest von Gunnars Erzählung behielt ich wie geplant für mich.

Miss Fuller war, um besser sehen zu können, ans andere Ende des Klassenzimmers gezogen. Jetzt stand sie hinter der letzten Reihe und redete aus irgendeinem Grund mit Amanda.

Als ich den Oberkörper meines Räuchermanns abnahm und der Klasse den hohlen Bauch zeigte, legte nur Lloyd seinen Bleistift ab und sah interessiert auf. In den hohlen Bauch hatte ich eine Räucherkerze gestellt. Im Grunde war es ein winziger Kegel, wie eine Spielfigur bei *Mensch ärgere dich nicht*. Ich war mir nicht einmal sicher, ob man sie von der letzten Reihe aus erkennen konnte. Aber das war egal. Den Effekt würden alle sehen. Mit meinem Feuerzeug zündete ich blitzschnell den Räucherkegel an und setzte den Oberkörper zurück auf die Beine.

Miss Fuller wandte sich endlich von Amanda ab.

Wahrscheinlich dachte sie, ich wäre fertig. Denn sie öffnete die Hände, um höflich zu klatschen, zögerte dann aber. Denn alle anderen starrten nun wie gebannt auf meinen Räucher-Josef. Nur Jaymie fixierte immer noch das Heft vor sich. Deswegen setzte ich sicherheitshalber noch einen drauf.

Wie ein Zauberer trat ich zur Seite, zeigte mit beiden Händen auf die Figur und rief laut: »Aus dem Erzgebirge in Deutschland präsentiere ich: den rauchenden Zimmermann!«

Das half. Endlich hob auch Jaymie den Kopf. Leider dauerte es ein bisschen, bis die Kerze im Inneren richtig brannte und sich genug Rauch entwickelt hatte. Ich merkte, dass die Klasse unruhig wurde. Nur noch ein paar Sekunden. Lange würde es jetzt nicht mehr dauern. Ich konnte den Duft nach Tanne und Weihrauch schon riechen.

»Äh, *Pol*?«, fragte Miss Fuller.

Ich tat, als hätte ich sie nicht gehört. Denn zum Glück hatte die Räucherkerze endlich die richtige Temperatur erreicht, und die ersten Rauchwolken quollen aus der Pfeife. Mit dramatischer Geste zeigte ich auf das Räuchermännchen.

»Wow!«, rief Jaymie.

Allein das fühlte sich einfach nur gut an. Nun machten auch alle anderen große Augen. Sogar Duncan und Amanda. Ich merkte, dass sich meine Mundwinkel hoben und ich vor Stolz grinste.

Dann ging alles ganz schnell. Lloyd deutete zur Decke, und keine Sekunde später schrillte eine Sirene so grell und laut, dass sogar das Plüsch-Rentier von der Tafel stürzte …

Im nächsten Moment fanden wir uns alle auf dem Schulhof wieder.

Und nicht nur unsere Klasse. Alle, wirklich alle hatten das Gebäude verlassen müssen und standen nun bibbernd in der Kälte. Die Lehrer, die Schulkrankenschwester, Direktor Davis, Coach Roberts und natürlich alle Schüler. Die Kleinen sahen sich verwirrt um. Ein Junge aus der ersten Klasse weinte. Alle anderen steckten die Köpfe zusammen. Sie tuschelten und zeigten mit dem Finger auf mich.

Obwohl die Temperaturen bestimmt weit unter null Grad lagen, glühte mein Kopf und mein Herz schlug mir bis zum Hals. Ich stand abseits der anderen und wusste nicht, was ich tun sollte. Also sah ich beschämt zu, wie die Feuerwehr mit fünf Löschfahrzeugen anrückte.

Anna stand tapfer neben mir. Offenbar hatte sie

beschlossen, die giftigen Blicke und das Getuschel zu ignorieren.

»Mach dir keine Gedanken. Das wird schon wieder!«, tröstete sie mich und klang dabei ganz wie Gunnar. »Eigentlich hast du der ganzen Schule einen riesigen Gefallen getan. Böse Geister gibt es hier bestimmt keine mehr.«

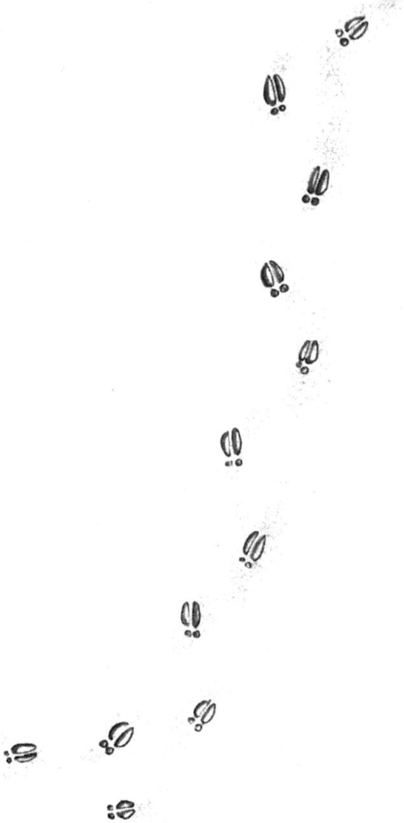

Weil bald Ferien waren, hatte Direktor Davis heute einen Ausflug zur Rentierfarm geplant.

Ich wollte gerade zusammen mit Lloyd in den Bus steigen, als Miss Fuller auftauchte und mich zur Seite nahm. »Ich habe dich im Blick«, warnte sie mich und sah mir finster in die Augen.

Das hätte sie sich allerdings sparen können. Ich hatte ganz bestimmt nicht vor, noch einen Feueralarm auszulösen oder böse Geister zu vertreiben. Im Gegenteil. Ich freute mich auf den Ausflug, weil ich hoffte, ein bisschen mehr über Gunnar herauszufinden. Denn wo, wenn nicht auf einer echten Rentierfarm, würde ich erfahren, wie Rentiere normalerweise lebten. Sofern sie nicht gerade in fremden Wohnzimmern übernachteten, natürlich.

Auf der Rentierfarm war die Hölle los. Wahrscheinlich machte jede Schule im gesamten Umkreis von Toronto ihren alljährlichen Weihnachtsausflug hierher. Deswegen wurden wir klassenweise durch die Farm geschleust. Die sechste Klasse begann in der roten Scheune. An langen Tischen gab es alkoholfreien Punsch, nussfreie Ingwer-Kekse und natürlich unechte Kerzen, die nicht einmal so taten, als würden sie qualmen.

»Lass uns bei den Büchern gucken«, schlug ich vor und zog Lloyd hinter mir her zum Verkaufsstand neben dem Ausgang.

Wahrscheinlich war ich der erste Mensch aller Zeiten, der auf der Rentierfarm wirklich etwas über Rentiere erfahren wollte. Jedenfalls musterte mich die Verkäuferin irritiert und zeigte dann auf ein Fach mit Bilderbüchern. In den Regalen stapelten sich bedruckte Tassen, Schlüsselanhänger und Sweatshirts, auf denen blöde Sprüche standen wie *Ich glaub, mich knutscht ein Rentier.* Amanda hatte sich ein rot glitzerndes Rentier-Geweih ins Haar gesteckt, und Duncan trug eine alberne Mütze mit Rentier-Bommel. Ich war froh, dass sich Jaymie normal verhielt, auch wenn er mir offensichtlich aus dem Weg ging.

»Wollen wir schon mal zum Rentier-Gehege vorlaufen?«, schlug ich Lloyd vor.

Jaymie wäre sofort dabei gewesen. Aber Lloyd schüttelte den Kopf. »Wir müssen in der Gruppe bleiben«, erklärte er und steckte sich einen Rentier-Köttel in den Mund. Eigentlich waren es nur Mandeln mit Schokoüberzug. Aber auf dem Etikett stand in geschwungener brauner Schrift *Rentier-Köttel*. Natürlich hatte sich Lloyd gleich einen ganzen Beutel gekauft. »Sonst bekommt Miss Fuller einen Anfall, und Direktor Davis wirft mich aus dem Debattier-Club.«

Ich seufzte und gab auf.

Wie sich herausstellte, ging niemand zum Rentier-Gehege. Die Rentiere kamen zu uns. Nachdem wir die Scheune verlassen hatten, wurden wir in ein Studio geschoben, wo wir uns zum Klassenfoto vor einem großen Schlitten versammeln mussten. Natürlich kletterte Duncan direkt auf den Kutschbock. Jaymie und ein paar andere ließen sich auf den gepolsterten Bänken nieder. Wer keinen Sitzplatz gefunden hatte, stellte sich einfach vor dem Schlitten auf. Erst als alle saßen oder auf ihren Plätzen standen, wurden die beiden Rentiere hereingeführt.

Ich stutzte. Eigentlich sahen sie so aus wie auf den Fotos, die ich in der Bücherei gesehen hatte. Sie hatten große dunkle Augen und braun-beiges Fell. Im Vergleich zu ihrem Körper war das Geweih riesig. Es bestand aus langen, gebogenen Stegen mit vielen Verzweigungen. Kein Wunder, dass Gunnar damit überall anstieß.

Aber etwas anderes stimmte so ganz und gar nicht.

»Was ist denn das für ein Geräusch?«, stellte ich die erste Frage, die mir einfiel.

Die Rentiere klickerten bei jedem Schritt, als ob Tiefkühl-Erbsen über den Küchenboden kullerten.

Lloyd schnalzte mit der Zunge. »Das sind ihre Sehnen. Die machen dieses komische Geräusch.«

Er trat einen Schritt zur Seite, um Platz für das erste Rentier zu machen, sodass die Rentier-Führerin mir den Strick in die Hand drücken und das andere Tier neben Amanda schieben konnte.

»Lächeln, da kommt ein Rentier«, witzelte der Fotograf.

Ein paar Kinder grinsten müde.

Sofort blitzte die Kamera auf. So ging es weiter. Nach jedem schlechten Scherz folgte der nächste Blitz.

Aber ich achtete nicht darauf. Denn meine zweite Frage war komplizierter.

»Ist das eine Art Mini-Rasse?« Ich sah Lloyd über den Rücken meines Rentiers hinweg an und fügte schnell hinzu: »Ich habe sie mir irgendwie größer vorgestellt.«

»Es gibt natürlich auch die skandinavischen Rassen.« Lloyd kratzte sich am Kopf. »Aber viel größer sind die nicht.«

Das war wirklich sehr seltsam. Auch wenn ich Gunnar bislang nur als halbes Zuckerguss-Tier oder Lametta-Monster gesehen hatte, waren die Farm-Rentiere im Vergleich zu ihm winzig. Die ganze Rückfahrt nach Wingham grübelte ich darüber nach.

Anscheinend war es auch Anna aufgefallen. Auf dem Weg von der Schule nach Hause sagte sie kein einziges Wort. Erst als wir durch die Einfahrt auf unser Haus zuliefen, stürmte sie los und riss die Haustür auf.

»Wie war euer Ausflug?«, rief Mama von oben.

Anna beachtete sie nicht. Sie schoss durch den Flur bis in unser Wohnzimmer.

»Ich mach uns mal einen Tee, dann könnt ihr mir alles erzählen«, wehte Mamas Stimme hinter meiner Schwester her.

»Gleich«, antwortete ich und beeilte mich, Anna zu folgen.

Sie stand schon mitten im Wohnzimmer. In der Hand hielt sie ihr Foto. Darauf stand sie fast an derselben Stelle, an der auch ich gestanden hatte, vor dem Schlitten, direkt neben einem der niedlichen Zwerg-Rentiere. Sie kraulte es sogar hinter den Ohren.

Jetzt jedoch bebte ihr ganzer Körper, und das Bild zitterte in ihrer Hand. »Erklär uns das!«, forderte sie und starrte auf das leere Sofa. »Warum sind sie so klein? Was stimmt nicht mit dir?«

Ich hörte Gunnar schnauben. Ich hörte, wie seine Hufe über den Teppich schabten und klapperten, als würde er verlegen von einem Bein aufs andere tippeln. Aber das Klickern seiner Sehnen hörte ich nicht.

»Bist du wirklich ein Rentier?«, stellte ich die Frage, die mir seit Stunden durch den Kopf wirbelte.

»Fangt ihr jetzt etwa genauso an?«, schniefte Gunnar. »Bin ich euch auch nicht *edel* genug?«

»Nein, das ist es nicht. Du bist nur so … so groß«, versuchte ich, es zu erklären.

»Zu groß? Zu dick? Zu schwer? Pah!« Die Luft brodelte. Es klang, als würde jemand geräuschvoll eine riesige Nase hochziehen. Gunnar war offenbar tief verletzt. »Natürlich bin ich ein Rentier. Genau wie alle anderen auch«, stieß er hervor. »Ich habe nur schwere Knochen.«

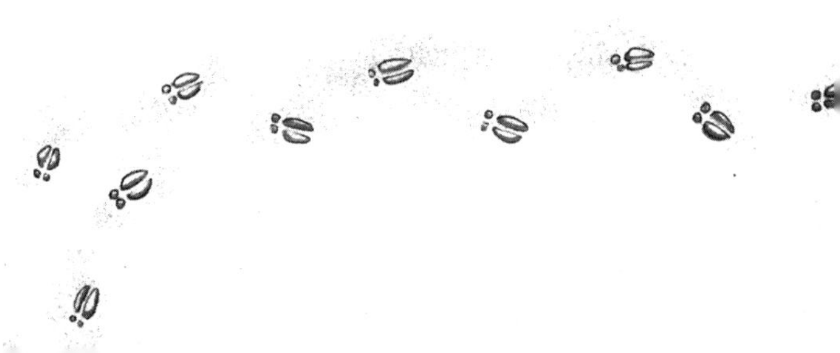

»Wo bist du eigentlich aufgewachsen?«, fragte ich Gunnar.

Anna versorgte uns mit heißem Kakao, und ich hängte zwei von Mamas Küchenhandtüchern vor die Fensterscheiben, sodass die bunte Flughafen-Beleuchtung etwas gedämpfter ins Zimmer fiel.

»In meiner Herde natürlich.«

Gunnar blies mir seinen warmen Atem ins Gesicht. Der Streit von gestern war vergessen. Wir hatten einfach nicht mehr darüber gesprochen. Er lag auf dem Boden, und wir kuschelten uns an seinen Bauch.

»Ich bin froh, dass du große Knochen hast«, seufzte Anna. »Sonst hätten wir gar nicht genug Platz.«

Wir warteten auf Mama. Sie hatte schon angerufen und versprochen, Hamburger und Pommes mitzubringen. Das war gut. Denn im Gegensatz zu Gunnar, der bereits eine gigantische Portion von Tylers Spezialfutter verdrückt hatte, knurrte mir der Magen.

»Waren alle Tiere in deiner Herde unsichtbar?«, hakte ich vorsichtig nach. Ich wollte Gunnar auf keinen Fall wieder auf dem falschen Fuß, also Huf, erwischen. Trotzdem war ich neugierig.

»Nicht direkt«, erklärte das Rentier zögernd. Dann schnaubte es. »Natürlich nicht. Was stellst du für dumme Fragen? Habe ich dir nicht erklärt, dass nur die coolen Tiere unsichtbar sind? Ja, das habe ich.«

»Gibt es denn viele coole Rentiere?«, erkundigte sich Anna.

Der Wohnzimmerteppich rutschte verlegen hin und her. »Nun, ja. Also, wirklich coole Tiere gibt es natürlich nicht so häufig. In der Natur bilden wir durchaus eine Ausnahme.«

»Du warst das einzige coole Tier, oder?«, flüsterte meine Schwester.

»Kann sein.« Gunnar schwieg eine Weile. »Nicht einmal meine Mutter konnte mich sehen. Das war schon manchmal ...«

»Traurig?«, fragte ich.

»Ja. Ein bisschen. Aber natürlich auch sehr praktisch.« Ich konnte fast hören, wie Gunnar grinste, als er weiterplapperte. »Manchmal habe ich mich an die anderen Tiere meiner Herde herangeschlichen und ihnen heimlich von hinten einen kleinen Schubser verpasst. Oder ich habe dummen Wanderern das Essen von der Picknickdecke geklaut. Das habe ich am liebsten gemacht. Und keiner hat's gesehen.«

Bei der Vorstellung, wie sich Gunnar an nichts ahnende Ausflügler heranschleicht und ihnen die Wurstbrote stibitzt, musste ich lachen. Auch Anna kicherte.

»Unsichtbarsein ist sehr cool«, beharrte er. »Und ich habe alles, was sich ein cooles Rentier wünscht.«

Er grunzte zufrieden. Trotzdem hatte ich auf einmal das Gefühl, dass Gunnar nicht immer so fröhlich war, wie er gerade tat, so als würde er in seinem riesigen Körper auch eine kleine Portion Traurigkeit mit sich herumtragen. Vielleicht fehlte ihm etwas. Etwas, von dem nicht einmal er selbst genau wusste, was es war. Und da kam mir ein Gedanke. Es konnte doch sein, dass Gunnar gar nicht zufällig in unser Wohnzimmer geschneit war. Vielleicht brauchte er unsere Hilfe. Darüber musste ich nachdenken.

Nachdem wir den ganzen Kakao getrunken hatten, war Mama immer noch nicht aufgetaucht. Gunnar beschloss, einen Spaziergang zu machen. Eigentlich wollte ich mich in mein Zimmer verdrücken. Doch kaum war die Tür hinter Gunnar ins Schloss gefallen, zupfte mich Anna am Ärmel.

»Ich weiß, wen wir um Hilfe bitten können.« Sie hob eine Mütze und zwei Jacken auf, um sie zurück an die Haken im Flur zu hängen.

»Wegen Gunnar?«, fragte ich vorsichtshalber nach.

Eigentlich war es ja klar. Weniger klar war Annas Antwort.

»Wir fragen den Weihnachtsmann«, verkündete sie geheimnisvoll. »Wenn Gunnar eines seiner magischen Rentiere ist, ist er bestimmt irgendwie verloren gegangen und kommt allein nicht wieder zurück.«

»Aber das wüsste Gunnar doch.«

»Nicht, wenn er sich nicht daran erinnern kann. Vielleicht ist er gestürzt und auf seinen Kopf gefallen.«

Ich hatte gerade unsere Stiefel wieder ordentlich an die Wand gestellt und richtete mich auf. »Klar, hast du zufällig seine Telefonnummer?«

»Natürlich nicht, du Blödmann. Santa Claus kann man nur schreiben.«

»Sicher, ich schreibe einfach eine E-Mail an *post@santa.com.*« Das meinte ich natürlich ironisch. Aber Anna war todernst.

»Doch keine E-Mail. Wir schreiben ihm einen Brief«, erklärte sie. »Und dazu malst du eine Wegbeschreibung, damit er uns auf jeden Fall findet.«

Ich starrte meine Schwester ungläubig an. Annas verrückte Ideen waren mir manchmal echt zu viel. Auf der anderen Seite hatte ich keine bessere Lösung. Und obwohl ich mich dagegen sträubte, war an Annas Theorie etwas dran. Gunnar plapperte zwar ununterbrochen. Aber ganz stimmig waren seine Geschichten nicht. Vielleicht hatte er tatsächlich einen Teil seiner eigenen Vergangenheit vergessen. Oder er wollte sich nicht erinnern.

Viel zu verlieren gab es nicht. Morgen war der letzte Schultag vor den Ferien. Es gab keine Hausaufgaben, die ich vorschieben konnte. Bis auf das blöde Weihnachten-in-aller-Welt-Projekt hatte ich nichts zu tun. Und wenn ich die Wahl hatte, dem Weihnachtsmann zu schreiben oder mir das dritte Projekt für Miss Fuller auszudenken, war die Antwort eigentlich klar.

»Sicher. Hast du seine Adresse?«, antwortete ich daher.

Anna legte den Kopf schief. »Die Adresse lautet: *Santa Claus, Nordpol, H0H H0H, Kanada*. Also ehrlich, Paul. Das weiß doch jedes Kind.«

Vielleicht wäre ich doch besser mit Gunnar spazieren gegangen. Dann hätte ich mir zumindest Annas Blick erspart. Sie sah mich jetzt an, als wäre nicht sie, sondern ich total verrückt.

»Miss Fuller hat alle Kinder aus meiner Klasse aufgefordert, ihm einen Brief zu schreiben. Dafür gab es fünf Extrapunkte.«

»Sag bloß, die anderen haben da mitgemacht.«

Anna nickte. »Alle. Mohini sagt, sie schreibt ihm jedes Jahr. Und so wie es mit deinem Projekt bisher gelaufen ist, hättest du vielleicht besser auch einen Brief bei Miss Fuller abgegeben.«

Sehr lustig. Das würde mich jetzt auch nicht mehr retten. Abgesehen davon würde ich bestimmt niemandem von diesem Brief erzählen, und das schloss Miss Fuller ein.

Aber um Gunnar zu helfen, war es wohl einen Versuch wert.

Der letzte Schultag begann mit einem leichten Anflug von Panik. Für mein *Weihnachten-in-aller-Welt-Projekt* war es kurz vor knapp. Wahrscheinlich sogar schon kurz nach knapp.

Anna hatte den Brief an den Weihnachtsmann noch vor dem Frühstück eingeworfen. Nun saßen wir mit Mama in der Küche und grübelten, was ich in einer halben Stunde als typisch deutsch präsentieren sollte. Wir hatten bereits den Adventskranz verworfen. Wegen der Kerzen. Zur Krippe gehörte der Räucher-Josef. Doch der hatte jetzt in der Schule Hausverbot. Und Marzipan bestand aus Mandeln, was ein bisschen zu nah an Nüssen dran war. Sogar Mama war jetzt ratlos.

Es klopfte. Mama hatte noch nicht einmal *Herein*! gerufen, als Tyler bereits vor uns stand.

»Guten Morgen«, rief er fröhlich. »Meine Kaffeemaschine hat ihren Geist aufgegeben. Da wollte ich höflich fragen, ob ich bei euch eine Tasse bekommen könnte.« Ohne eine Antwort abzuwarten, nahm er eine Tasse aus dem Schrank, füllte sie bis zum Rand mit Kaffee und ließ sich auf den letzten freien Stuhl fallen. So viel zur Höflichkeit.

Doch Mama lächelte. »Vielleicht kannst du uns helfen. Deine Großeltern kamen doch aus Deutschland.«

Bevor ich sie bremsen konnte, erzählte sie ihm alles über mein verflixtes Projekt. Von den Nüssen bis zum Feueralarm.

Tyler lachte, bis ihm die Tränen kamen.

»Holy smokes!«, stellte er fest. »Da bleibt nur noch die Weihnachtsgurke.«

Mama starrte ihn an, als hätte sie keine Ahnung, wovon er sprach. Anna kicherte, und ich verdrehte entnervt die Augen. Nicht er auch noch!

»Das ist doch ein typisch deutscher Christbaumschmuck.«

»Eine Gurke? Am Weihnachtsbaum?« Mama blinzelte verwirrt. »Was soll daran denn deutsch sein?«

»Komm schon. Ich bestelle sie jedes Jahr im Thüringer Wald.«

»Echte Gurken? Diese eingelegten Dinger aus dem Glas?«

Tyler grinste. »Ich bestelle sie bei einem netten Glasbläser. Und der stellt sie selbst her.«

»Aber wieso verkauft er eingelegte Gurken?«

»Mama! Nicht aus *dem* Glas«, rief ich, weil ich jetzt wirklich genug davon hatte. »Gurken aus Glas.«

»Niemand hängt Gurken an den Weihnachtsbaum«, stellte Mama irritiert klar. »Auch nicht aus Glas.«

Leider ließ sich Tyler nicht davon abbringen. Nicht einmal von Mama. »Ich habe es sogar schriftlich. Es gibt dort nämlich auch ein Museum. Die haben mir geschrieben, dass man früher Pilze, Äpfel und andere Früchte an den Baum gehängt hat. Also echte. Aber ein armer Handwerker konnte sich damals das frische Gemüse nicht leisten. In seiner Not hat er sich den Schmuck eben aus Glas gefertigt.«

»Okay. Pilze, Äpfel, Nüsse, Tannenzapfen. Das schon. Aber keine Gurken.« Mama schüttelte entschieden den Kopf.

Tyler lächelte nachsichtig. »Die mit Glas geschmückten Bäume waren so schön, dass sogar die Queen von England ihren Weihnachtsschmuck in Thüringen bestellte. Und das vor 150 Jahren. Also, wenn das keine Tradition ist!«

Tyler konnte mit seinen Geschichten echt einem Rentier Konkurrenz machen. Weil auch Mama nicht mehr wusste, was sie darauf noch antworten sollte, plapperte er einfach weiter.

»Mein Lieferant hat in einer Kiste, die noch von seinem Großvater oder Urgroßvater stammt, alte Formen gefunden. Äpfel. Bananen. Auch Gemüse. Maiskolben und Pilze. Unter den Formen war auch eine Gurke.«

Anna musterte Tyler. »Stimmt das wirklich?« Ihre Augen waren zwei schmale Schlitze.

An Tylers Stelle wäre ich spätestens jetzt vorsichtig geworden. Tatsächlich setzte er eine ernste Miene auf. »Ich gelobe, die Wahrheit zu sagen und nichts als die Wahrheit«, erklärte er. Dann zwinkerte er Mama zu. »Ich bestelle aber nur die Gurken. Maiskolben oder Bananen am Weihnachtsbaum finde ich ein bisschen zu exotisch.«

Mama zuckte mit den Schultern. »Gurke hin oder her. Es ist vielleicht deine letzte Chance, Paule.«

»Vorschlag, Kumpel.« Tyler boxte mir freundschaftlich in die Seite, sodass ich schnell vom Tisch aufstand und vorgab, meinen Teller wegzuräumen. »Im Laden sind sie ausverkauft. Aber wir schauen im Schuppen nach, ob ich dort noch ein paar Gurken habe. Dann kannst du entscheiden, was du machst.«

Mama lächelte mir aufmunternd zu, und Anna nickte.

»Weißt du«, brummte Tyler nun leiser. »Ich kenne Miss Fuller schon ziemlich lange. Sie liebt diesen Kitsch. Wenn sie ein Gurkenprojekt will, dann gib ihr doch eines. Du kannst es sogar ein bisschen ausschmücken, wenn du magst.«

Nun zog Mama doch die Luft ein. »Nichts geht über eine saubere und solide Prüfung der Fakten«, bemerkte sie. Immerhin waren wir für ihre Forschungsarbeit bis nach Kanada gezogen. Bei den Fakten zu schummeln war also nicht Mamas Art.

Tyler wiegte den Kopf. »Ich finde, wenn Paul bereits zwei Projekte abgeliefert hat, die beide sauber und solide ausgearbeitet waren, aber abgelehnt wurden, nur weil ...«

»Der Feueralarm losging«, kicherte Anna.

Tyler zuckte mit den Schultern. Doch ich fand, dass er ausnahmsweise mal recht hatte. Außerdem drängte die Zeit. Deswegen gab ich mir einen Ruck. Schnell holte ich meine Sachen und folgte ihm hinüber zum Schuppen.

Nun wurde es jedoch tückisch. Ich merkte, dass meine Hand ganz selbstverständlich zum Lichtschalter wanderte, und zog sie schnell zurück. Auch meine Füße musste ich bremsen, denn sie wollten einfach an den vorderen Kisten vorbeihuschen. Ich wusste ja, dass die Weihnachtsdeko weiter hinten lagerte, in der Nähe der geplünderten Futtersäcke. Trotzdem wartete ich vor Ungeduld ganz zappelig, während Tyler sich zunächst durch alte Schuhe, Lichterketten und Rosendünger wühlte. Erst im vierten Versuch fand er den richtigen Karton.

»Du siehst, er ist noch originalverpackt. Sogar mit Briefmarke und Poststempel. Kannst du den Absender lesen?«

Ich beugte mich über das Paket. »98724 Lauscha, Thüringen.«

Tyler zwinkerte mir zu und zog das Klebeband ab.

Da lagen sie. Ein ganzer Karton voller Gurken in allen Farben. Von Froschgrün, wie man sich eingelegte Gurken eben vorstellt, bis Blau, Sonnengelb und Pink. Es gab sogar eine goldene Gurke. Durch die Verspiegelung funkelte sie fast festlich.

Meinetwegen! Wenn Miss Fuller eine Gurken-Geschichte haben wollte, sollte sie die bekommen. Wozu hatte ich in den vergangenen Wochen einem unsichtbaren Rentier gelauscht?

»Die Weihnachtsgurke ist eine alte deutsche Tradition«, begann ich meinen Vortrag und hielt eine goldene Gurke aus feinem Glas in die Höhe.

Miss Fuller lächelte, und sie sah ausnahmsweise glücklich und sehr zufrieden aus.

»Schon Queen Victoria ließ ihren Christbaumschmuck in Thüringen fertigen. Das war vor über 150 Jahren. Aber die Tradition geht noch viel weiter zurück.« Ich erzählte von den echten Früchten und erwähnte ganz nebenbei, dass die Menschen zu Weihnachten natürlich nicht nur Lebkuchen, Pilze und Äpfel an den Baum gehängt hatten, sondern alles, was sie mochten.

Hier setzte der Gunnar-Effekt ein. »Popcorn und Würstchen«, schmückte ich aus.

»Blumenkohl, Kichererbsen und natürlich Gurken«, fuhr ich fort. Ich sah, dass Jaymie grinste. Auch wenn er mich dabei nicht direkt ansah. »Nur sind echte Lebensmittel nicht lange haltbar. Deswegen begannen reiche Familien, ihre Leckereien zu vergolden. Damit sie nicht schimmelten.« Das war doch gar nicht schlecht. Gunnar wäre bestimmt stolz auf mich gewesen. Und eigentlich klang es ja auch logisch. Wenn man sich schon eine Gurke an den Baum hängte, war eine solide Vergoldung nur vernünftig.

Ich sah, wie sich Jaymie den Bauch hielt und sich stumm vor- und zurückbog, während Lachtränen über seine Wangen kullerten.

Aber die beste Reaktion kam von Miss Fuller. Sie stand auf und applaudierte »Das war wirklich ein ganz tolles Projekt, *Pol*.« Mit *O*. Das ließ sich wohl nicht vermeiden. Sie fletschte die Zähne zu einem Lächeln und fügte hinzu: »Ich bin mir sicher, die Klasse fand deine Ausführungen sehr spannend. Auch wenn ich zugeben muss, dass es für mich natürlich nicht ganz neu war. Über den Brauch mit den vergoldeten Gurken – und natürlich auch Würstchen – habe ich damals an der Uni eine Facharbeit geschrieben. Ich meine, ich hätte sogar eine Eins bekommen.«

Am ersten Ferientag stand Jaymie vor unserer Tür. Dass wir wieder Freunde waren, lag an der Weihnachtsgurke. Insofern musste ich Tyler und Miss Fuller wohl dankbar sein.

»Kommst du mit zum Gemeindezentrum?«, fragte er.

»Schlittschuh laufen?«

»Nee.« Jaymie grinste breit. »In der Cafeteria steigt heute die *Taffy Pull Party.*«

Was auch immer eine *Taffy-Dingsbums-Party* war. Ich war so froh, dass Jaymie wieder mit mir redete, dass ich auch auf eine dreitägige Wanderung mitgekommen wäre. Durch nassen Schnee und ohne Toiletten. Oder in eine Kunstgalerie.

Taffy Pulling war jedoch viel besser. Als wir am Gemeindezentrum ankamen, hatte die Party bereits begonnen. Schon im Eingangsbereich roch es nach Zucker, Butter und Vanille. Wir hängten unsere Jacken an die Haken und liefen in die Küche, wo zwei Frauen in riesigen Töpfen rührten.

»Ihr kommt genau rechtzeitig«, rief Jaymies Mutter. Sie bestäubte gerade die Arbeitsplatte mit Mehl. »Fettet eure Finger ein«, riet sie und zeigte auf einen Topf Butter, der gerade die Runde machte.

»Was sind Taffys?«, fragte ich, während ich dabei zusah, wie die zähe rosa und mintfarbenc Masse aus den Töpfen auf die Arbeitsplatte gegossen wurde.

»Die besten Bonbons aller Zeiten«, erklärte Jaymie mit leuchtenden Augen. »Nur leider ziemlich viel Arbeit. Die hier werden extra für den Basar gemacht. Aber jeder, der hilft, bekommt zum Dank einen Beutel zum Mitnehmen.«

Wir mussten noch einen Moment warten, bis die Masse etwas abgekühlt war. Dann drückte Jaymies Mutter jedem Team einen warmen Klumpen Bonbonrohmasse in die Hand.

»Nun zieht den Teig. Eine Viertelstunde mindestens«, ordnete eine ältere Dame an. »Und dass ihr mir

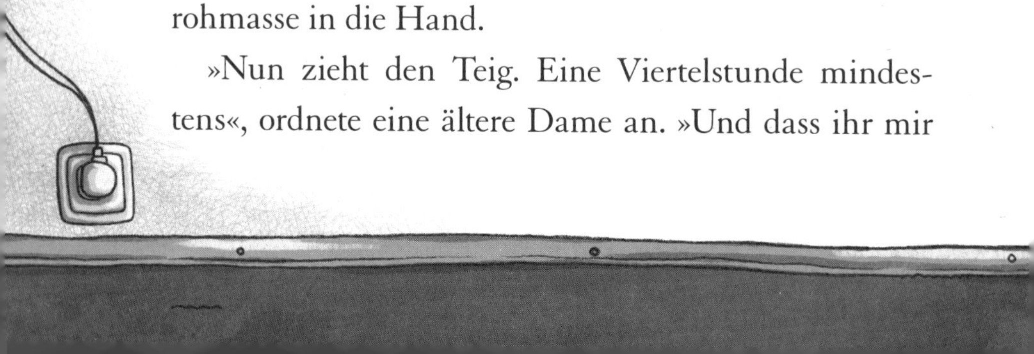

nicht schummelt.« Dabei guckte sie ein paar der Anwesenden besonders scharf an.

Alle lachten, und wir verteilten uns auf die Räume. Jaymie und ich fanden eine ruhige Ecke im Flur, wo wir ungestört den Teig ziehen und dabei reden konnten.

Jaymie zog am einen Ende und ich am anderen, sodass sich zwischen uns eine klebrige rosa Wurst bildete. Als sie so lang war, dass sie fast bis zum Boden hing, falteten wir die Enden mehrmals übereinander, verdrehten alles, und das Ziehen begann von vorne.

»Sagst du mir jetzt endlich die Wahrheit?«, fragte Jaymie plötzlich.

»Die Wahrheit?«, entgegnete ich scheinheilig, was aber nicht sehr überzeugend kam, weil mir vor lauter Schreck das Bonbon-Wurst-Ende aus der Hand gerutscht war. Schnell bückte ich mich, hob es vom Boden auf und knetete unauffällig ein paar Staubflusen in den Teig ein.

»Ich weiß, dass du mir etwas verheimlichst«, begann Jaymie erneut.

Weil ich nicht wusste, was ich antworten sollte, schwieg ich. Leider erwies sich Jaymie

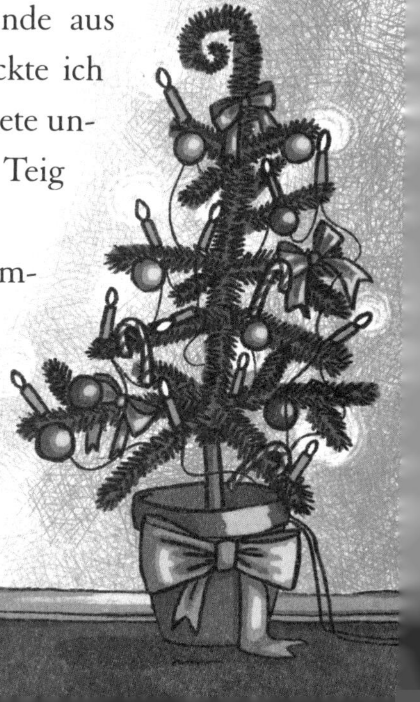

als mindestens so zäh wie die Bonbonmasse. Er ließ einfach nicht locker.

»Erst wackelst du auf Schlittschuhen über das Eis, als wären deine Knie ein Taffy-Bonbon.« Jaymie schlackerte unsere rosa Bonbon-Wurst durch die Luft. »Und ein paar Tage später ziehst du mit Tyler eine Show ab, als wärst du mit Kufen auf die Welt gekommen.«

»Ich habe eben geübt.«

»Ach wirklich? Und mit wem? Denn Tyler sagte, es wäre euer erstes Mal gewesen.«

Weil der Teig langsam zu weich für das Ziehen und Falten wurde, hielt ich beide Arme vor der Brust hoch, sodass Jaymie die Masse wie Wolle um meine Hände wickeln konnte.

»Dann diese Sache beim Schlittenfahren. Niemand, ich meine *niemand*, hat jemals Duncan geschlagen. Aber du ziehst auf deinem Retro-Schlitten einfach an ihm vorbei. Das ist doch nicht normal.«

Damit rupfte er den klebrigen Bonbon-Wickel so ruckartig von meinen Armen, als würde er ein riesiges Pflaster von meiner Haut reißen.

»Autsch!«

»Und natürlich der Hufabdruck …«, flüsterte Jaymie – wenn auch mehr zu sich selbst, während wir erneut die

Enden verdrehten und auseinanderzogen. »Also ehrlich, Mann. Was bist du? Ein Superheld mit Hufen?«

Auch wenn mir eigentlich nicht danach war, musste ich bei dieser Vorstellung doch lachen. »Ein Superheld mit Hufen und Bonbon-Boa«, alberte ich und legte mir das klebrige Taffy-Seil dekorativ um den Hals.

Aber Jaymie lachte nicht. Im Gegenteil. Er sah mich aus seinen dunklen Augen an, als hätte ich ihn echt enttäuscht.

Ich wusste gar nicht, wo ich hingucken sollte. Seit meinem ersten Tag in Wingham hatte Jaymie immer zu mir gehalten. Vor Miss Fuller. Vor der Klasse. Selbst vor Duncan. Wahrscheinlich konnte ich ihm vertrauen. Und wahrscheinlich sollte ich ihm endlich die Wahrheit sagen.

»Er heißt Gunnar«, erklärte ich leise.

»Wer? Dein Superheld-Charakter? So wie Batman oder Hulk?« Jaymies Gesicht leuchtete auf, als würde er diese dämliche Superhelden-Geschichte tatsächlich glauben.

»Nein! Natürlich nicht. Gunnar ist unser Rentier.«

»Was hat das jetzt damit zu tun?«

»Na, er war es. Er hat mir Schlittschuhlaufen beigebracht und meinen Schlitten beim Rennen gezogen.«

»Ein Rentier? Aha!« Jaymie klang nicht gerade überzeugt. Stumm zeigte er mir an, wieder die Arme zu heben, sodass er die Bonbonmasse erneut um meine Handgelenke wickeln konnte. »Und warum habe ich es dann nicht gesehen?«

»Weil es unsichtbar ist.«

Jaymie schaute mich lange an. »Echt jetzt?«, fragte er. »Ein unsichtbares Rentier? Etwas Besseres fällt dir nicht ein?«

Ich wollte es ihm erklären. Beschreiben, wie er in unser Leben geplatzt war, das Wohnzimmer verwüstet hatte und jedes Mal im Flur die Jacken von den Haken riss. Aber meine Arme waren mit rosa Bonbon-Schnüren gefesselt. Und mein Mund blieb verschlossen. Deswegen nickte ich nur. Fast hätte ich mir gewünscht, tatsächlich ein Superheld zu sein. So wie Jaymie mich ansah, hätte er mir das wahrscheinlich eher geglaubt als die Sache mit Gunnar.

Stattdessen stand ich da wie ein Idiot. Plötzlich begann ich zu frieren, als würde eiskalte Polarluft durch die Fenster hereinwehen und unter meinen Pulli blasen.

»Ich hätte eigentlich mehr von dir erwartet«, stellte Jaymie fest. »Zumindest eine coole Lügen-Geschichte. Aber noch nicht einmal so viel bin ich dir wert.«

Ich wollte noch etwas sagen. Ihm anbieten, zu mir nach Hause zu gehen. Gunnar persönlich zu treffen. Aber es war zu spät. Jaymie hatte sich bereits umgedreht. Er rannte hinaus und ließ mich mitsamt der rosa Bonbon-Fessel einfach stehen.

Obwohl Ferien waren, hatte ich schlechte Laune. Es wurde auch nicht besser, als ich nach dem Schlittschuhtraining mit Gunnar nach Hause kam und Tyler in unserem Wohnzimmer antraf. Er stand am Weihnachtsbaum und hängte gerade eine türkisfarbene Gurke zwischen unsere alten Christbaumkugeln, direkt vor ein besonders schönes Glöckchen aus hauchdünnem Glas. Durch die Fenster blinkten die bunten Lampen der Flughafen-Beleuchtung, und über dem Kamin baumelten bunt geringelte Socken, die aussahen, als hätte sie jemand für einen Riesen gestrickt. Einen Riesen mit Klumpfuß.

»Was soll die Socken-Girlande?«, fragte ich.

»Die Socken sind von mir«, strahlte Tyler. »Santa

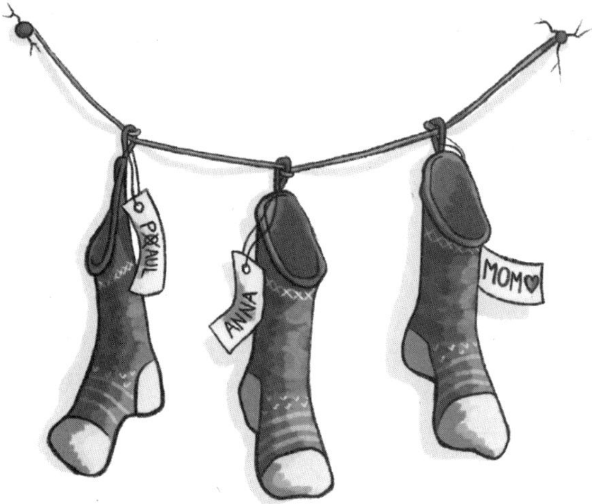

wird sie für euch mit Geschenken füllen.« Er steckte sich eines meiner Taffy-Bonbons in den Mund.

»Schmeckt's?«, fragte ich. Es sollte eigentlich ironisch klingen. Aber meine miese Stimmung glitt von ihm ab wie warmer Bonbonteig von Fettfingern.

»Bald ist eure erste echt kanadische Weihnachtsdeko komplett«, strahlte er. »Das Rentierfutter habt ihr doch noch, oder?«

»Guck mal, Paul. Es gibt für jeden von uns eine Socke«, säuselte Anna. »Für Mama, für dich und für mich.« Seit dem Ausflug nach Toronto war auch sie Tylers Holzfäller-Charme erlegen.

»Sieht super aus«, rief Mama aus der Küche.

»Was macht der Truthahn?«, erkundigte sich Tyler.

»Der sieht weniger super aus.«

Mama stand hinter der Theke und steckte bis zum Ellbogen in einem fleischfarbenen Monstrum. Um sie herum herrschte das Chaos. Mehl, Brotkrümel, Apfelstückchen, gehackte Walnüsse und grüne Schnipsel, die vielleicht einmal Petersilie gewesen waren, verteilten sich über Arbeitsplatte, Küchenboden und Mamas zottelige Haare. Wie sie so dastand, sah Mama aus wie Anna, nur in Groß. Hinter ihrem Rücken schwebte gerade ein Stück Apfel langsam von der Arbeitsplatte und verschwand irgendwo in der Luft.

»Was machst du da?«, fragte ich erschrocken, ohne genau zu wissen, ob ich damit Mama oder Gunnar meinte.

»Hey, wonach sieht es denn aus? Ich stopfe einen Truthahn«, erklärte Mama. Gunnar sagte nichts. »Nach Tylers Rezept.«

»Gab es bei Superfood keinen Fertig-Truthahn?«, fragte ich gehässig.

Mama lachte fröhlich, als hätte ich einen Spaß gemacht. »Ich bin gleich fertig, dann machen wir es uns gemütlich«, flötete sie. »Tyler hat einen Weihnachtsfilm mitgebracht.«

»*Drei Nüsse für Aschenbrödel?*«, riet Anna.

»Nein!« Tyler grinste.

»*Der kleine Lord?*«, schlug Mama vor. »Ich liebe *Den kleinen Lord*.«

Aber Tyler schüttelte geheimnisvoll den Kopf. »Noch viel, viel schöner.« Er machte eine kunstvolle Pause und guckte erwartungsvoll vom einen zum anderen. *»The sound of music.«*

Nun guckten Anna, Mama und ich von einem zum anderen. Denn wir hatten keine Ahnung, was uns erwartete.

Was uns erwartete, war das Grauen pur. Das stellte sich etwa eine halbe Stunde später heraus, nachdem der Truthahn bis in die Spitzen seiner Flügel gestopft und zwecks Kühlung in der Garage verstaut war. Mama hatte die Küche gewischt, und Gunnar hatte sich in einem unbeobachteten Moment um die Reste auf der Arbeitsplatte gekümmert.

Das Grauen war der Film allerdings nicht, weil es ein Horrorstreifen gewesen wäre. Damit hätte ich umgehen können. Einfach fürchterlich war der Film, weil es sich um den kitschigsten Heimatfilm handelte, den die Welt je gesehen hatte. Der Film spielte irgendwo in den Bergen in Österreich, und zu allem Überfluss wurde die ganze Zeit gesungen.

Erstaunlicherweise stand ich mit meiner Meinung völlig allein da. Ich lag im Wohnzimmer neben Gunnar auf dem Boden und konnte es kaum fassen.

»Es ist so traurig«, heulte Mama.

Sie saß hinter mir mit Tyler auf der Couch, hielt Anna im Arm und tupfte sich die Augen mit einem Taschentuch ab, das Tyler ihr gereicht hatte. Vor ihr auf dem Boden türmte sich bereits ein ganzer Berg aus weißen Knäueln. Dabei hatten wir noch nicht einmal die erste Hälfte geschafft.

»Nehmt ruhig. Ich habe vorsichtshalber eine Familien-Packung mitgebracht«, erklärte Tyler ritterlich, wenn auch mit belegter Stimme. Vermutlich musste er gerade selbst einen Seufzer unterdrücken. »Ich schaue diesen Film jedes Jahr. Seit meiner Kindheit.«

»Er ist so schön«, schniefte Anna und wurde umgehend mit frischen Tüchern versorgt.

Wenn ich gehofft hatte, zumindest bei unserem unsichtbaren Rentier auf männlichen Beistand zu treffen, hatte ich mich getäuscht. Ich spürte, wie Gunnars Bauch bereits verdächtig zuckte.

In der letzten Szene erwischte es ihn völlig. Er lag neben mir auf dem Boden, und ich hörte, wie er so geräuschvoll die Nase hochzog, dass Mama und Tyler aufschreckten. Am liebsten hätte ich die Augen verdreht. Stattdessen musste ich einen dramatischen Niesanfall vortäuschen, damit Gunnar nicht aufflog.

»Oh, Paul. Du wirst mir doch vor Weihnachten nicht noch krank werden«, rief Mama entsetzt und sprang von der Couch auf, um meine Stirn abzutasten. »Ist dir heiß? Frierst du? Kratzt dein Hals?«

»Mir geht es gut«, protestierte ich.

»Mach dir keine Sorgen. Paul ist okay«, eilte Tyler mir zur Hilfe. Doch kaum hatte Mama sich umgedreht, zwinkerte er mir verschwörerisch zu. »Spätestens am Ende der Geschichte weint auch der stärkste Kerl. Aber keine Sorge. Das bleibt unter uns.«

Na, Klasse! Doch auch das half nicht.

Wenn Mama erst mal in Fahrt war, ließ sie sich

schlechter bremsen als ein Rentier mit schweren Knochen. »Ich koche dir einen Zwiebeltee. Nur zur Vorsicht«, beschloss sie und verschwand in der Küche.

Ein paar Minuten später lag ich in meinem Bett und schwitzte. Über mir stapelten sich alle Decken, die Mama hatte auftreiben können. Auf meinem Bauch lag eine Wärmeflasche, und in der Hand hielt ich eine große Tasse mit scheußlichem Zwiebeltee. Immerhin die Wadenwickel hatte sie mir erspart.

»Schön austrinken«, beschwor sie mich.

»Mach ich«, versprach ich mit unter der Decke gekreuzten Fingern.

Den guten Tee würde ich später großzügig mit Gunnar teilen. Das liebe Rentier sollte uns ja nicht krank werden – so kurz vor Weihnachten.

Am nächsten Tag musste Mama arbeiten. Weil Anna und ich noch ein Geschenk für sie besorgen mussten, waren auch wir gleich nach dem Frühstück aufgebrochen und streiften nun mit Gunnar durch Wingham, auf der Suche nach einer guten Idee.

»Wir könnten Tyler fragen«, schlug Anna vor. »Für einen Mann ist er echt nett.«

»Ich finde, eure Mutter hätte es schlechter treffen können«, stimmte Gunnar zu. »Auf dem Eis macht er eine gute Figur. Er backt, kocht und ist fast immer höflich.«

»Aber er hat keinen Geschmack«, warf ich ein. »Unser Haus ist eine Warnung an alle, es mit der Weihnachtsdeko nicht zu übertreiben. Und was Filme angeht ...«

»Mohini beneidet uns«, wandte Anna ein. »Ihr Vater weigert sich, mehr als nur einen Weihnachtsbaum aufzustellen. Und den auch nur, weil ihre Mutter darauf besteht.«

»Ach, und der Ausflug nach Toronto. Das war ein Abenteuer!« Gunnars Hufe klapperten munter auf der vereisten Straße.

»Ja, ja, ja«, blökte ich entnervt. »Tyler ist nett. Er hilft Mama beim Truthahn und hängt sogar Socken für uns auf. Ich wundere mich nur, dass er nicht gleich eine für sich selbst dazugehängt hat.«

»Bestimmt hat Mama es ihm verboten«, überlegte Anna.

»Nein«, schaltete sich Gunnar ein. »Sie hat es ihm sogar angeboten. Aber er hat abgelehnt, um sich nicht aufzudrängen.«

Wir standen jetzt vor Tylers Heimwerkermarkt.

»Also?«, fragte Anna. Sie hatte den Kopf schief gelegt und musterte mich. »Du solltest ihm eine Chance geben.«

Darüber dachte ich nach. Aber nicht sehr lange. Denn noch während ich überlegte, fiel mein Blick auf die Theke.

»Oh, nein!«, schrie ich etwas zu schrill.

»Die sind ja gar nicht für ihn selbst«, hauchte Anna.

»Nein, das sind sie nicht.« Gunnar schnaubte. »Geschenke für die Kundschaft. Das ist aber eine feine Geste.«

»Das ist es nicht! Wenn die Kunden unsere Weihnachtsmänner mit der Mandelseife-Chili-Füllung …«

Ich konnte gar nicht weitersprechen. Tyler zu ärgern war das eine. Ich mochte ihn nicht besonders, weil er Mama schöne Augen machte. Denn ich wollte nicht, dass er sie am Ende enttäuschte. Aber seine Kunden zu vergraulen war etwas ganz anderes.

»Was machen wir jetzt?«, stammelte ich.

Tyler bediente gerade eine Dame mit roter Jacke. Neben ihm stand der Karton Spezial-Weihnachtsmänner. Dann trat von irgendwoher Duncan an die Kasse. Wie selbstverständlich ließ er einen Weihnachtsmann heimlich in seine Tasche gleiten. Erschrocken trat ich einen Schritt zurück und stieß mit Jaymie und Mohini zusammen.

»Hast du hinten etwa keine Augen, Superheld?«, zischte Jaymie.

»Wir haben Mist gebaut«, quiekte Anna, die von unserem Streit nichts wusste. »Ihr müsst uns helfen. Bitte!«

Bevor ich sie warnen konnte, dass die Wahrheit

derzeit nicht hoch im Kurs stand, erzählte sie ihnen die ganze Geschichte. Nur Gunnar verschwieg sie.

Jaymie unterbrach sie nicht. Er und Mohini hörten mit immer größer werdenden Augen zu. Am Ende guckten sie genauso entsetzt, wie ich mich gerade fühlte. Ich hatte Angst, Jaymie würde mich jetzt anschreien. Mich fragen, wie um alles in der Welt wir auf diese dämliche Idee gekommen waren. Dass Tyler eigentlich ein richtig netter Kerl sei und dass es verdammt unfair von uns war, ihm das Geschäft zu vermiesen.

Aber erstaunlicherweise reagierte Jaymie, wie nur ein wirklich guter Freund es konnte. Er schob unseren Streit einfach beiseite. Vorübergehend zumindest. Denn wichtig war im Moment etwas ganz anderes.

»Tyler hat erst vor zehn Minuten aufgemacht. Wie viele Weihnachtsmänner fehlen in der Packung?«, überlegte er sachlich.

»Vier«, antwortete Mohini. Sie war bereits unauffällig in den Laden hinein- und wieder herausspaziert.

»Duncan hat einen. Wo sind die anderen?«

Anna zeigte auf einen Mann mit Bommelmütze, der gerade mit Brettern bepackt den Laden verließ.

»Eins.«

Vom Parkplatz fuhr ein blaues Auto. In ihm saß die Frau mit der roten Jacke.

»Zwei«, rief Mohini.

»Okay. Am besten teilen wir uns auf.« Jaymie warf mir einen Blick zu, der alles heißen konnte. Vermutlich bedeutete er so viel wie *Tyler zuliebe.*

Aber das war mir egal. Ich nickte nur dankbar.

»Wir übernehmen den Mann!« Mohini und Anna rannten los.

»Wir das Auto?«, fragte ich Jaymie.

Als er nickte, wandte ich mich an Gunnar, ohne mich um Jaymies fragenden Blick zu kümmern. Das konnten wir später klären. Jetzt ging es um Schadensbegrenzung.

»Kannst du dich um die Weihnachtsmänner auf der Ladentheke kümmern?«, rief ich und meinte, noch ein *Schwupdiwup* aus Gunnars Richtung zu hören. Doch vor uns bog der Wagen bereits in den Verkehr ein.

Deswegen drehte ich mich nicht um, sondern stürmte zusammen mit Jaymie dem Auto hinterher.

Zum Glück rollte der Verkehr nur langsam über die mit Schnee bedeckten Straßen. Doch auch ein langsames Auto ist noch ziemlich schnell. An der nächsten Kreuzung bog es links ab.

»Der fährt zu Superfood«, schrie Jaymie, und wir schlitterten weiter, quer über die Kreuzung, hundert Meter die Straße hinab bis zum Parkplatz des Supermarkts.

Zum Glück hatte er recht. Nach kurzer Suche entdeckten wir den blauen Wagen in einer der Parkbuchten.

»Beweisstück A!«, brüllte ich und zeigte auf den Sitz, wo tatsächlich unser Weihnachtsmann lag. »Und jetzt?«

Jaymie zuckte mit den Schultern und öffnete die Beifahrertür.

»Du hast doch nicht etwa das Auto aufgebrochen, oder?«, schrie ich entsetzt. Ich sah uns schon auf einem dieser *Kennen-Sie-diese-Verbrecher?*-Fotos.

»*Nope.*« Jamie grinste. »War gar nicht abgeschlossen.«

Rasch klauten wir den Weihnachtsmann und wollten gerade abhauen, als Jaymie mich zurückhielt. »Schau mal.«

Er zeigte auf ein gelbes Auto in der gegenüberliegenden Reihe. Auf der Rückbank lagen Tüten mit dem Logo von Tylers Laden.

Sofort stürmte ich hinüber und zerrte am Türgriff. Aber so viel Glück konnte man nicht zweimal haben. »Wir müssen abwarten und dem Wagen folgen.«

Zum Glück wohnte seine Besitzerin, eine alte Dame, nicht weit vom Supermarkt entfernt. Als wir außer Atem die Einfahrt erreichten, verschwand sie gerade im Haus.

»Wir klingeln und ...«

»Genau. Was und?«, erkundigte sich Jaymie und beugte sich keuchend vor, um wieder Luft zu holen.

Das wusste ich leider auch nicht. Ich wünschte, Gunnar wäre hier. Ihm wäre bestimmt etwas eingefallen. Doch der musste sich ja um die Weihnachtsmänner auf der Theke kümmern.

»Wir erzählen eine Geschichte«, schlug ich vor. »Wir sagen, dass es in der Fabrik ein Problem gab und alle Schoko-Weihnachtsmänner zurückgerufen wurden.«

Jaymie runzelte die Stirn. »Wieder eine deiner Geschichten?«

»Es sei denn, du hast eine bessere Idee«, fügte ich hinzu.

Die hatte Jaymie jedoch nicht.

Die alte Dame lächelte freundlich, nachdem wir bei ihr geklingelt hatten. Ob sie uns meine Geschichte abnahm, konnte ich nicht sagen. Ich war mir nicht einmal sicher, ob sie uns überhaupt verstand. Sie fragte immer wieder nach einem Ausweis, bis Jaymie ihr schließlich seine Büchereikarte unter die Nase hielt. Dann nickte sie zufrieden, verschwand im Haus und kehrte kurze Zeit später mit dem Weihnachtsmann zurück.

»Geschafft!«, jubelte ich, als ich den Weihnachtsmann in die erstbeste Mülltonne pfefferte.

»Geschafft! bis auf einen«, bemerkte Jaymie.

Ich ahnte, was er dachte. Wahrscheinlich hatten auch Anna und Mohini denselben Gedanken gehabt. Jedenfalls warteten sie bereits auf uns, als wir außer Atem vor Duncans Haus eintrafen.

»Wir warten, bis sie schlafen«, schlug ich vor.

Anna verdrehte die Augen.

»Wir schleichen uns in den Garten und warten, bis sie aufs Klo müssen«, meinte Jaymie.

»Super Idee. Bevor sie ins Bad gehen, öffnen sie bestimmt die Terrassentür«, antwortete ich.

Wir überlegten noch eine Weile hin und her, bis Jaymie plötzlich über meine Schulter guckte und grinste.

»Zu spät«, stellte er fest, klang aber nicht sehr besorgt.

Irritiert drehte ich mich um und folgte seinem Blick. Weil in der Küche Licht brannte, konnten wir Duncan gut erkennen. Er stand am Fenster und redete mit seiner Mutter, wobei er langsam den Weihnachtsmann aus der Folie wickelte.

»Oh, nein!«, stöhnte Mohini.

»Oh, ja!«, freute sich Jaymie und rieb sich die Hände.

Dann sagte niemand mehr etwas. Gebannt beobachteten wir Duncan, der sich wie in Zeitlupe den Weihnachtsmann in einem Stück in den Mund schob. Für einen Moment passierte nichts. Nur Anna quiekte leise. Doch im nächsten Moment ging es los. Duncan wurde erst blass, dann knallrot. Seine Augen quollen auf. Er öffnete den Mund und spuckte sich die ganze Schokoladen-Pampe in die Hand. Dabei wedelte er mit den Armen, dass die braune Spucke nur so schäumte.

Kurz war ich wie gelähmt. Dann setzte mein Fluchtinstinkt ein. »Weg hier!«, rief ich und zerrte die anderen mit.

Erst drei Straßen weiter lehnten wir uns an einen Zaun und lachten und kicherten, bis uns die Luft ausging.

»Duncans Gesicht will ich bis zum Ende meines Lebens nicht mehr vergessen«, verkündete Anna, nachdem wir uns von Jaymie und Mohini verabschiedet hatten, um nach Gunnar zu sehen.

Offenbar war auch unser Rentier erfolgreich gewesen. Als wir wieder vor Tylers Laden ankamen, erkannten wir schon durch die Tür Fetzen bunter Alufolie, die sich über den Boden verteilten. Der Tresen neben der Theke war leer, der Karton mit den Weihnachtsmännern verschwunden. Nur leider fehlte auch von Gunnar jede Spur.

Wir fanden Gunnar erst am nächsten Morgen. Natürlich sahen wir ihn nicht. Aber wir rochen ihn. Mama war spät dran gewesen und ohne Frühstück zur Bibliothek gefahren, sodass sie zum Glück von den Folgen unserer Weihnachtsmann-Aktion nichts bemerkte. Denn der Geruch, der heute aus dem Wohnzimmer waberte, war kaum auszuhalten. Schon im Flur roch es wie eine Mischung aus faulen Eiern und Schulklo.

Wie sich herausstellte, hatte Gunnar heldenhaft alle übrigen Weihnachtsmänner samt Füllung einfach gefressen.

»*Schwups*, weg waren sie«, erklärt er kläglich. Kein Wunder, dass jetzt sein Bauch rumorte.

Anna und ich hatten wieder einmal alle Fenster aufgerissen und saßen mit Mützen und Handschuhen vor unseren Müslischalen. Aus dem Wohnzimmer drangen im Wechsel jämmerliches Stöhnen und lautes Pupsen.

»Schau mal«, rief Anna und zeigte auf eine Stelle vor dem Kamin. »Ich glaube, ich kann seine Umrisse sehen.«

»Kein Wunder bei den Wolken, die er ausstößt.«

»Das ist nicht lustig«, klagte er. »Helft mir. Rettet mich.«

»Was macht man denn bei Blähungen?«, fragte ich.

Anna stemmte ihre Hände in die Hüften und legte den Kopf schief. »Ich rufe Mama an«, beschloss sie schließlich und holte das Telefon.

Mama wusste tatsächlich Rat. Auch wenn sie nicht so klang, als hätte sie Anna die Geschichte mit Tylers krankem Freund abgenommen. Auf der anderen Seite war sie in der Bibliothek, wo man nur flüstern durfte. Vielleicht klang ihre Stimme deshalb etwas verzerrt. Jedenfalls meinte sie, gegen Bauchkrämpfe würde Bewegung helfen und gegen den Geruch frische Luft.

Also trieben Anna und ich den pupsenden Gunnar hinaus in den Wald. Erst jammerte er laut und pupste häufig. Nach einiger Zeit jammerte er etwas leiser und pupste schon weniger. Irgendwann tobte er mit uns so vergnügt durch den Schnee, dass wir schließlich meinen Retro-Holzrodel aus dem Haus holten, alle Schnürsenkel zu einem Geschirr zusammenknoteten und Gunnar vor den Schlitten spannten. Während er uns durch den Winter-Wald zog, sangen wir laut *Jingle Bells*.

»Schneller!«, rief ich zwischen den Strophen.

»Achtung, Kurve!«, röhrte Gunnar zurück, als der Schlitten haarscharf um einen hohen Baum schoss.

Erst als wir den Schlittenhügel erreicht hatten, hielten wir an. Eine dicke Schicht Puderschnee hatte sich über die Rodel-Spuren der letzten Tage gelegt und hing weiß in den Bäumen. Dazwischen lugte strahlend blauer Himmel hervor. Man hätte die Aussicht für eine Postkarte fotografieren können. Oder man konnte sich einfach hineinstürzen.

Gunnar entschied sich für Letzteres.

Er nahm Anlauf und stürmte mit uns auf dem Schlitten die Piste hinab. Anna kreischte. Ich schrie. Schnee stob zu allen Seiten in so dichten Wolken auf, dass ich kaum etwas sehen konnte. Keine Ahnung, wie schnell wir fuhren. Es fühlte sich gigantisch an. Lichtgeschwindigkeit. Mindestens.

Doch dann wurde ich zur Seite geschleudert und riss Anna mit. Kreischend kippten wir um und rutschten auf unseren Hosenböden noch tiefer in den Schnee, während der Schlitten selbst hochflog und gegen einen Baum krachte. Gunnar röhrte. Jemand lachte.

Erst als ich mich aufgerappelt und mir den Schnee aus dem Gesicht gewischt hatte, erkannte ich Jaymie und Mohini.

»Ihr hättet uns fast umgefahren!«, beschwerte sich Mohini. »Wenn ihr nicht selbst vorher einen Abgang gemacht hättet«, grinste Jaymie. Dann lachten beide.

Natürlich wollte ich etwas erwidern. Doch dazu kam ich nicht. Jaymies Schneeball erwischte mich an der Stirn.

»Ey! Das ist mein Bruder«, rief Anna. Ihre Antwort verfehlte Jaymies Bauch. »Niemand greift meinen Bruder an. Der gehört mir!« Ihr zweiter Schneeball traf. Allerdings meinen Hinterkopf.

»Jungen gegen Mädchen!«, brüllte ich zurück.

Ich hechtete vor, um meine Schwester einzuseifen. Doch vorher wurde ich von Mohini getroffen. So ging es weiter. Die Bälle zischten nur so hin und her.

Dass Gunnar irgendwo zwischen uns stand, hatte ich beinahe vergessen.

Es fiel mir erst wieder ein, als Jaymie, der eigentlich auf Anna gezielt hatte, einen verschneiten Ast traf. Dem Ast hätte ein Schneeball sicher nichts ausgemacht. Nur die dicke Schicht Puderschnee, die sich auf den Zweigen gesammelt hatte, geriet ins Rutschen. Der Schnee hätte eigentlich auf den Boden prasseln müssen. Doch genau dort stand schon jemand …

Jaymie erstarrte, als sich in dem herabrieselnden Schnee Gunnars Umrisse formten. Mohini krallte ihre Finger um Annas Arm. Eigentlich hätte sie verzückt kreischen müssen. Sie war ja ein Mädchen, und ihr gegenüber stand nun ein niedliches, ziemlich verschneites Rentier. Doch sie blieb stumm. Wir alle blieben stumm. Außer Jaymie.

Er kreischte natürlich nicht. Er blieb wie immer ruhig und sachlich. Nur seine Stimme krächzte ein wenig. »Das ist kein Rentier.«

»Aha! Und was soll ich sonst sein, junger Mann?«,

entgegnete das Rentier. Es klang ein wenig pikiert. »Bin ich vielleicht eine Kuh? Oder was?«

»D...Das da ist zu groß«, beharrte Jaymie mit leichtem Stottern.

»*Das da* hat einen Namen«, entgegnete Gunnar.

»Darf ich vorstellen. Jaymie, Mohini, das ist Gunnar. Gunnar ist unser unsichtbares Rentier«, erklärte ich höflich.

»Und er ist nicht zu groß. Er hat nur schwere Knochen«, fügte Anna hinzu.

»Aber ...« Jaymies Blick wanderte von Gunnar, dem jetzt der Schnee langsam aus dem Fell tropfte, zu mir. »Aber ... dann hast du ja die Wahrheit gesagt«, stellte er fest.

»Gut, jetzt weißt du es«, gab ich zurück und überlegte, ob ich noch etwas hinzufügen sollte. Aber nur kurz. Denn im Grunde war damit ja alles gesagt.

Neben uns tuschelten die Mädchen.

»Ist er wirklich eines von Santas Rentieren?«, flüsterte Mohini so leise, dass Gunnar sie nicht hören konnte.

Ich sah, dass meine Schwester nickte und übers ganze Gesicht strahlte. Ich glaube, sie war unglaublich stolz.

»Dann verlässt er euch ja bald wieder.«

Die letzten Worte hatte ich kaum mitbekommen. So

leise hatte Mohini gesprochen. Doch als ich Annas Gesicht sah, wusste ich, dass ich mich nicht verhört hatte. Annas Ausdruck wechselte von stolz zu entsetzt. Ohne dass sie es aussprechen musste, wusste ich genau, was ihr gerade durch den Kopf ging.

Mein Hals brannte plötzlich wie Feuer. Oder sehr, sehr kaltes Eis.

»Dann ist morgen unser letzter Tag mit Gunnar?«, hauchte meine Schwester entsetzt. Tränen glitzerten in ihren Augen.

»Vielleicht ja auch nicht. Wer weiß, ob unser Brief überhaupt angekommen ist«, antwortete ich schnell.

Jaymie und Mohini schwiegen, wobei ich mir nicht sicher war, ob sie überhaupt zugehört hatten. Denn sie waren immer noch damit beschäftigt, das tropfende Wesen zu bestaunen. Kein Wunder. Einem unsichtbaren Rentier begegnete man ja auch nicht alle Tage.

»Wohlan!«, tönte Gunnar, der offenbar nichts mitbekommen hatte. »Hat jemand Lust auf einen kleinen Ritt?«

Anna lächelte tapfer, als wollte sie mir sagen, dass wir die letzten Tage mit Gunnar besser genießen sollten. Trübsal blasen konnten wir später immer noch. Und damit hatte sie wohl recht.

Also kletterten wir alle zusammen auf Gunnars Rücken. Anna und Mohini, dann Jaymie und ich. Alle hintereinander, in einer langen Reihe. Wir gruben unsere Finger in sein Fell, und schon ging es los. Gunnar trabte durch den Schnee und röhrte glücklich, während wir uns bemühten, nicht hinunterzurutschen.

»Mit einem dieser Zwerg-Rentiere wäre das nie gegangen!«, rief ich durch den Wind.

Anna gluckste fröhlich. »Auf keinen Fall. Schwere Knochen sind eben ein Vorteil!«

Eigentlich war Weihnachten. Wenn wir in Deutschland gewesen wären, hätten Anna und ich unsere Geschenke heute Abend bekommen. Doch wir lebten ja jetzt in Wingham. Und in Kanada gab es die Geschenke erst am Weihnachtsmorgen.

Also wurde der Heiligabend ein normaler, aber trotzdem sehr gemütlicher Tag. Mama holte den gestopften Truthahn aus seinem Kälteschlaf in der Garage, damit er für morgen auftauen konnte. Danach kuschelten wir uns auf das Sofa. Dafür zog Mama sogar vorübergehend den Stecker aus Tylers Flughafen-Beleuchtung, sodass nur die echten Kerzen auf dem Tisch und am Baum das Wohnzimmer erleuchteten. Wir aßen Lebkuchen, tranken Kakao und spielten *Mensch ärgere dich nicht*. Nur wir drei. Und natürlich Gunnar.

Abends backte Mama für den nächsten Morgen einen Honigkuchen, während Anna und ich den Frühstückstisch deckten und jeden Platz mit Tannenzweigen und Strohsternen dekorierten. Dann wurde es Zeit, ins Bett zu gehen. Mama wünschte uns eine gute Nacht und ging nach oben.

Offiziell hatten Anna und ich nämlich behauptet, dem Weihnachtsmann auflauern zu wollen. In Wirklichkeit wollten wir die letzten Stunden zusammen mit Gunnar verbringen. Wenn Annas Theorie stimmte, würde er in dieser Nacht abgeholt werden. Vorausgesetzt natürlich, der Weihnachtsmann hatte unseren Brief erhalten.

»Bist du wirklich in Santas Rentierherde aufgewachsen?«, fragte ich. Das war ein schwieriges Thema. Aber irgendwann musste ich ihm diese Frage ja stellen.

Anna und ich waren frisch geduscht, hatten unsere Schlafanzüge angezogen und uns mit unseren Decken an Gunnar gekuschelt, wobei wir seinen Bauch als Rückenlehne benutzten.

»Habe ich das behauptet?«

»Ja!«, sagte Anna entschieden, obwohl ich mir da nicht so sicher war.

»Na, dann«, gab er zu.

»Und von Geburt an cool«, rief Anna begeistert.

Neben meinem Ohr schnaubte es fröhlich. »Einmal cool, immer cool.«

Anna und ich lachten. Wir stellten uns vor, wie das kleine unsichtbare Rentier über die Weide sprang und Blödsinn anstellte. Doch dann spannten sich Gunnars Muskeln an.

»Nein, das ist gelogen«, flüsterte er plötzlich. »Ich war kein cooles Kalb. Ich war damals schon schwerer und größer als die anderen. Und ein bisschen tollpatschig. Aber cool, das war ich nicht.«

Er atmete einmal ganz lange aus. Vielleicht weil morgen Weihnachten war. Vielleicht weil er ahnte, dass er uns bald verlassen würde. Jedenfalls hatte er wohl beschlossen, endlich die Wahrheit zu sagen. »*Dicker dummer Gunnar*, so haben sie mich genannt, wenn ich versehentlich den Weidezaun umgerannt oder mit meinem Geweih ein Eichhörnchen vom Ast gefegt habe.« Sein Bauch zuckte. »Tut mir leid, dass ich euch angelogen habe.«

Ich dachte an den zersplitterten Türrahmen und an die Jacken und Taschen, die jedes Mal von den Haken fielen, wenn Gunnar durch den Flur stürmte.

»Blöde Angeber«, tröstete ich ihn, obwohl ich eigentlich etwas ganz anderes hatte sagen wollen.

»Oh, wie gemein!« Anna, die Gunnars verrückte Geschichten geliebt hatte, schniefte plötzlich auf. Sie schlang die Arme um seinen Hals, während dicke Tränen ihre Wangen hinabkullerten. Sie fingen sich in Gunnars Fell, sodass es dort, wo es nass wurde, bräunlich schimmerte. »Hat denn niemand etwas gesagt?«

»Doch, natürlich. Meine Mutter hat mit ihnen geschimpft und mir gesagt, ich solle nur abwarten. Die anderen Tiere wären zwar dumm. Aber irgendwann würden sie erkennen, dass ich etwas Besonderes bin.«

»Und?«

»Nee. Haben sie nie erkannt. Irgendwann ...«

»Hast du dich aufgelöst?«, rief ich erschrocken.

»Bin ich cool geworden.« Durch Gunnars Körper ging ein kleines Beben. Dem Beben folgte ein Grunzen. Und das klang verdächtig nach einem Kichern.

»Und dann hast du dich einfach auf Santas Schlitten gesetzt und bist mitgereist«, überlegte Anna. »Zwischen den ganzen Geschenken.«

»Da mussten die blöden Angeber-Tiere natürlich ein bisschen mehr Gewicht ziehen«, fügte ich hinzu. Denn in diesem Moment war es mir egal, ob es die Wahrheit war oder nur eine schöne Geschichte. Hauptsache, Gunnar war wieder fröhlich.

»Genau«, freute er sich prompt. »Um die ganze Welt habe ich mich von ihnen ziehen lassen. Jahr für Jahr.«

»Und dann?«, wollte Anna wissen. Sie gähnte, hielt aber tapfer die Augen geöffnet.

»Wie? Und dann?«

»Wieso bist du nicht wieder mit ihnen nach Hause geflogen? Zum Nordpol.«

»Hmmm.« Gunnar schien nachzudenken. Vielleicht wackelte er dabei ja mit den Ohren. Oder er verdrehte die Augen. »Es hat Plumps gemacht?«, schlug er vor.

»Plumps?«, wiederholte Anna schläfrig. Sie hatte sich neben Gunnar eingerollt und lächelte. »Das ist gut.«

»Genau«, entschied er. »Da lag ich also im Schnee. Gar nicht weit weg von hier.«

Ich schmiegte mich an seinen warmen Bauch und dachte nach. Über Gunnars Geschichten und das, was wir mit ihm erlebt hatten. Die Puzzleteile in meinem Kopf drehten und verschoben sich. Ich stellte mir Gunnar vor als tollpatschiges Kälbchen. Seine Mutter. Seine Herde. Und es war, als wollten die einzelnen Teile endlich ein Bild ergeben. Doch ich war zu müde, um es ganz zu begreifen.

Deswegen lauschte ich auf Annas leises Schnarchen und Gunnars tiefen Atem und fand es einfach nur schade, dass er nicht eher zu uns gekommen war. Wir hätten direkt erkannt, dass Gunnar wirklich etwas ganz Besonderes war.

Als ich aufwachte, wusste ich erst nicht, wo ich war. Ich lag nicht in meinem Bett, sondern auf dem Teppich vor dem Sofa. Neben mir lag Anna tief unter ihrer Decke vergraben und schlief. Ohne den Kopf zu drehen, konnte ich über dem Kamin drei prall gefüllte Ringelsocken erkennen. Am Weihnachtsbaum ließ das Licht der Kerzen unseren alten Christbaumschmuck funkeln und spiegelte sich sogar geheimnisvoll in Tylers blaugrüner Gurke.

Aber dann erinnerte ich mich, und das wohlige Gefühl der letzten Nacht verwandelte sich in einen kalten Eisklotz. Denn der Platz neben Anna und mir war leer. Gunnar war verschwunden. Für einen Moment fühlte ich mich furchtbar einsam, obwohl Weihnachten war und das ganze Wohnzimmer festlich strahlte.

Doch schon im nächsten Moment drang aus der Küche ein Kreischen. Dem Kreischen folgten mehrfaches Knacken und lautes Platschen. Anna blinzelte. Dann sprangen wir beide auf und drehten uns um.

Hinter dem Küchentresen stand Mama. »Raus!«, schrie sie. In der einen Hand hielt sie einen leeren Eierkarton. Mit der anderen schwang sie unser scharfes Messer. »Anna, Paul! Bringt euch in Sicherheit.«

»Oh, war das Ihr Kuchen?«, ertönte Gunnars Stimme von hinter der Küchentheke. Es raschelte und schepperte kurz, weil eine Schüssel auf den Boden fiel. Dann hatte er sich aufgerichtet, und der Eisklotz in meinem Herzen war geschmolzen. Gunnar war noch da. Nur …

»Dummes, altes Rentier. Was sollen wir denn jetzt frühstücken?«, schniefte Anna. Tränen kullerten über ihre Sommersprossen. Dann lachte sie, stürzte in die Küche und presste ihre Wange an seinen braunen, pelzigen Hals.

Gunnar wackelte fröhlich mit den Ohren. Nur Mama war blass wie Milch, bevor man Kakao hineinrührt. Das Messer zitterte in ihrer Hand. Ob sie Gunnar damit angreifen würde, war schwer zu sagen. Sicherheitshalber stellte ich mich zwischen die beiden. Das war das Einzige, was ich tun konnte. Denn mein Gehirn war wieder einmal in einen Schockzustand verfallen.

Gunnar senkte seinen riesigen Kopf und betrachtete nachdenklich die Krümel, die er auf dem Küchenboden hinterlassen hatte. »Entschuldigung«, grunzte er kleinlaut. »Aber es hat so gut gerochen.«

»Das Rentier kann sprechen«, keuchte Mama. Damit hatte sie tatsächlich in einem Punkt recht. In einem anderen täuschte sie sich allerdings gewaltig.

»Das ist kein Rentier«, stellte Tyler fest.

Er stand plötzlich in unserer Küchentür. Wahrscheinlich hatte er Mamas Schrei gehört und war herbeigeeilt, um sie zu retten. Jedenfalls trug er noch seinen Schlafanzug. Nur Stiefel hatte er übergezogen.

Mama drehte ganz langsam den Kopf. Das Messer zitterte in ihrer Hand. Sie sah aus, als würde sie jeden Moment in Ohnmacht fallen. Und vermutlich hätte sie das auch getan, wenn Tyler nicht eingegriffen hätte. Er machte einen großen Schritt auf Mama zu, fing sie auf und nahm ihr sanft die Waffe ab.

Eines musste man ihm lassen. Weder Gunnar noch Mama brachten ihn aus der Fassung. Auch nicht die Eiermatsche auf dem Küchenboden, Annas Glücks-Kuller-Tränen oder mein Schock-Schweigen. Er legte das Messer sorgfältig zurück in die Schublade und trug Mama zum Sofa. Als Retter machte er sich wirklich gut. Er deckte Mama mit Annas Decke zu und strich ihr über die Haare.

»Alles wird gut«, versprach er. »Ich kümmere mich darum.« Und das tat er wirklich. Nachdem Mama versorgt war, nahm er sich Gunnar vor. Er ging einmal um ihn herum. Er begutachtete den kurzen Schwanz und die dünnen Beine. Er reckte sich und fuhr mit der Hand über den Rücken, legte den Kopf in den Nacken und bestaunte das Schaufel-Geweih. »Wo habt ihr denn den Elch her?«, fragte er, als wäre es das Normalste auf der Welt.

»Das ist doch kein Elch. Gunnar ist ein …« Anna verstummte.

Gunnar senkte seinen massigen Kopf und pustete uns aus seiner breiten Nase warme Luft ins Gesicht. »Tja«, sagte er.

»Gehört er euch?«, erkundigte sich Tyler.

Anna zuckte mit den Schultern. Und auch ich wusste nicht, was ich dazu sagen sollte. Deswegen blickte ich zu Gunnar.

Der Elch legte den Kopf schief und grunzte verlegen.

Da er keine andere Antwort bekam, zuckte auch Tyler mit den Schultern. Dann krempelte er die Ärmel seines Pyjamas hoch und schickte uns alle zu Mama ins Wohnzimmer. Wir ließen uns hinter dem Sofa nieder, sodass Mama Gunnar zwar sehen *konnte*, aber nicht unbedingt *musste*.

»Warum bist du noch hier?«, fragte Anna und zupfte zärtlich an Gunnars Bart.

»Und wieso bist du sichtbar?«, fügte ich hinzu.

Gunnar schnaubte. »Hat sonst noch jemand eine Frage?«

Aber Tyler wischte gerade den Küchenboden, und Mama hatte keine Fragen.

»Ich habe gestern Nacht beschlossen, noch hier zu bleiben. Zumindest bis zum nächsten Jahr. Jetzt, wo ihr mich besser kennt.«

Es klang ein bisschen wie eine Frage. Deswegen nickte ich schnell.

Anna strahlte vom einen Ohr bis zum anderen. »Nur Mama müssen wir erst langsam an dich gewöhnen. Doch mach dir darüber keine Sorgen. Tyler wird uns bestimmt dabei helfen.«

»Seid ihr mit French Toast zum Frühstück einverstanden?«, unterbrach er uns aus der Küche. Er hatte mittlerweile Kaffee und Tee gekocht. »Dann ziehe ich mir mal was an und bringe von drüben ein paar frische Eier mit. Und Kekse als Ersatz für euren Honigkuchen. Nach dem Rezept meiner Tante.«

»Selbst gebacken oder von *Superfood*?«, erkundigte ich mich und zwinkerte ihm zu. Denn eigentlich war es ja völlig egal.

»Selbst gebacken. Meine Tante hat sie mir geschickt.

Obwohl …« Er grinste schief. »Jedenfalls schmecken sie prima.«

Kaum war die Tür hinter Tyler ins Schloss gefallen, sprang Anna auf. »Mach schnell!«, drängte sie. »Wenn wir uns beeilen, können wir noch eine Socke für Tyler aufhängen.«

Mein Blick fiel auf die Krippe und unseren Räucher-Josef. Natürlich sah er anders aus als Maria und das Jesuskind. Er war ein kleines bisschen größer, und sein Holz war gröber. Aber eigentlich störte das gar nicht.

»Ja!«, rief ich. Dann fiel mir noch etwas ein. Deswegen schaute ich fragend zu Mama hinüber. »Und eine für Gunnar?« Schließlich gehörte er jetzt zu unserer Familie, und das mit dem Verstecken hatte sich wohl erledigt.

Mama lächelte. Es war noch etwas matt, aber eindeutig ein Lächeln. »Natürlich. Äpfel mag er gern. Und Adventskränze.«

Eine Stunde später saßen wir alle am Frühstückstisch. Wir aßen French Toast und tranken Tee. Mama, Anna, ich. Und Tyler. Gunnar lag neben uns auf dem Boden. Er hatte ja schon gegessen.

Über dem Kamin baumelten fünf prall gefüllte Socken, drei große bunt geringelte und zwei etwas kleinere mit Herzchen drauf. Wir hatten sie in Mamas Schrank gefunden. Eine hatte ein Loch in der Ferse. Aber nur ein ganz kleines.

Ich war gespannt, was sich in meiner Socke befand. In Tylers hatten Anna und ich einen großen Schoko-Weihnachtsmann gesteckt. Ganz ohne Füllung. Und Mama hatte ein kleines Paket dazugelegt. In Gunnars steckten frisch geschnittene Zweige von Birken und Tannen, zwei Äpfel und nur aus Spaß ein Tütchen magisches Rentierfutter, das Anna eigentlich von Mohini geschenkt bekommen hatte.

Mama hatte wieder ein bisschen Farbe im Gesicht. »Gunnar heißt er also?«, erkundigte sie sich bei uns. Daran, dass Gunnar lieber für sich selbst sprach, würde sie sich erst gewöhnen müssen.

Anna schaute von Mama zu mir und zu Tyler. »Und was wird jetzt aus uns? Ich meine, mit dir und Tyler und Paul und mir?«

Tyler räusperte sich. »Also, wenn ihr noch immer einen Mann sucht, der kocht, Badezimmer putzt, Einkäufe erledigt und sich um seltsame Tiere kümmert … Ich würde mich anbieten.«

Mama und Tyler tauschten einen sehr, sehr langen Blick. Anna stupste mich an und grinste breit, sodass die Sommersprossen fröhlich über ihre Nase hüpften. Sogar Gunnar schnaufte zufrieden vor sich hin. Er musste ja nicht mehr die ganze Zeit plappern. Jetzt, wo wir ihn sehen konnten, und irgendwie fühlte sich unsere neue Familie richtig gut an.

Als endlich alle Geschenke ausgepackt waren, wir gemütlich zusammen im Wohnzimmer saßen und Tyler heißen Eierpunsch servierte, legte ich meine Arme um Gunnars riesigen Hals. »Weißt du, ein bisschen habe ich das ja geahnt«, flüsterte ich. »Für ein Rentier bist du einfach viel zu cool.«

Gunnar blies mir seinen warmen Atem in den Nacken und grunzte. »Das habe ich ja immer gesagt.«

© Emily Engel

Sabine Engel, geb. 1974 in Aachen, studierte Physik, arbeitete nebenbei für verschiedene Tageszeitungen und schrieb populärwissenschaftliche Artikel für *Spektrum der Wissenschaft*. Nach der Promotion in Kanada kehrte sie nach Deutschland zurück und wandte sich fiktionalen Stoffen zu. Heute lebt sie mit ihrer Familie in der Nähe von Berlin.

© Julia Bierkandt

Julia Bierkandt studierte Modedesign in Sigmaringen und arbeitete viele Jahre als Designerin für Kinderbekleidung. Mittlerweile illustriert sie für verschiedene Verlage Bücher für Kinder – die ihrer Meinung nach schönste Zielgruppe der Welt. Mit ihrem Mann und ihren beiden Kindern lebt sie am Fuße der Schwäbischen Alb.

Quellenangabe

Die Namen der acht Rentiere Dasher, Dancer, Prancer und Vixen, Comet, Cupid, Dunder (Donner) und Blixem (Blitzen) gehen auf das Gedicht »A Visit from St. Nicholas« zurück, auch bekannt unter dem Titel »The Night Before Christmas«. Es wurde 1823 erstmalig anonym veröffentlicht und heute dem Autor Clement Clarke Moore zugeschrieben, wobei andere Quellen Henry Livingston Jr. als Autor nennen.

Und für alle, die neugierig geworden sind und jetzt alles über Weihnachtsbaumschmuck aus Thüringen wissen möchten, lohnt sich ein Besuch im Museum für Glaskunst in Lauscha. Mir hat bei meinen Recherchen zu diesem Buch auch Michael Haberland geholfen. Er ist Glasbläser in Lauscha und arbeitet noch mit den alten Mundblasformen seines Groß- und Urgroßvaters. Dabei hat er tatsächlich neben Maiskolben und Bananen auch eine alte Gurkenform entdeckt. Heute gehören Weihnachtsgurken zu seinem Sortiment.

Butterbrotbäume gibt es allerdings nicht. Tatsächlich wachsen auf Bora Bora aber Brotbäume. Die Früchte sind essbar und werden wic Kartoffeln frittiert oder als Salat gegessen, zu Mehl gemahlen und auch zu Broten verarbeitet. Unbedingt probieren!